陈敬根 / 编著

拿什么
保护自己
法律维权常识一本通

民主与建设出版社
·北京·

图书在版编目（CIP）数据

拿什么保护自己：法律维权常识一本通 / 陈敬根编

著 . -- 北京：民主与建设出版社，2025. 1. -- ISBN
978-7-5139-4809-8

Ⅰ. D920.4

中国国家版本馆 CIP 数据核字第 2024YC9572 号

拿什么保护自己：法律维权常识一本通
NASHENME BAOHU ZIJI FALÜ WEIQUAN CHANGSHI YIBENTONG

编 著	陈敬根
责任编辑	刘树民
封面设计	许 涛
出版发行	民主与建设出版社有限责任公司
电 话	（010）59417749　59419778
社 址	北京市朝阳区宏泰东街远洋万和南区伍号公馆 4 层
邮 编	100102
印 刷	优奇仕印刷河北有限公司
版 次	2025 年 1 月第 1 版
印 次	2025 年 1 月第 1 次印刷
开 本	710 毫米 × 1000 毫米　　1/16
印 张	18
字 数	217 千字
书 号	ISBN 978-7-5139-4809-8
定 价	59.80 元

注：如有印、装质量问题，请与出版社联系。

目录

第一章　恋爱、婚姻、家庭

第二章　抚养、赡养、继承

第三章　消费与理财

第四章　校园与职场

第五章　合同与保险

第六章　担保与人格

第七章　道路与交通

第八章　房产、物权、租房

第九章　网络与安全

第一章
恋爱、婚姻、家庭

恋爱时送给对方的礼物，
分手了可以要回吗

经媒人介绍，裴某和穆某于 2022 年 5 月相识，后迅速进入热恋期。2022 年 7 月，裴某向穆某求婚，穆某答应。自 2022 年 7 月至 2023 年 5 月，裴某先后送给穆某名包一个、钻戒一枚和黄金首饰一套，还为其购买了一辆奥迪 A6 轿车。2023 年 5 月底，两人因裴某父母反对而分手，裴某要求穆某返还两人恋爱期间赠送给她的名包、钻戒、黄金首饰和汽车，穆某则认为这些都是裴某因喜欢自己而产生的赠与，拒绝返还。裴某遂向法院提起诉讼，请求法院判令穆某返还恋爱期间接受裴某赠送的名包、钻戒、黄金首饰和汽车。

【审判结果】

法院经审理认为，求婚成功后，原告裴某赠与被告穆某的贵重礼物属于附带建立婚姻关系条件的赠与，因为两人最终分手，附带的条件未能实现，所以赠与不成立。因此，法院对裴某提出的要求穆某返还恋爱期间赠送给她的名包、钻戒、黄金首饰、汽车的请求予以支持。最终，法院判决被告穆某于判决生效后十日内返还裴某之前赠送的名包、钻戒、黄金首饰和奥迪 A6 轿车。

·解读分析·

赠与，是指赠与人将自己的财产无偿赠送受赠人后，受赠人表示接受的一种行为。恋爱期间的情侣互赠礼物是非常普遍的，如果赠送礼物的意图是最终走进婚姻殿堂，那么这种赠与则是附带建立婚姻关系条件的赠与，若附带的条件最终成就，则赠与有效，若附带的条件最终没有成就，那么赠与就无效，没有任何法律效力，赠与物必须返还赠与人。

如果是恋爱中的一般赠与，即没有附带任何条件的赠与，若最终两人分手，赠与人要求返还赠与物，受赠人是不是必须返还，还要具体问题具体分析：

1.互赠的小礼物或者具有代表意义的特殊钱款等，目的在于更好地培养感情，表达爱意，那么这些小礼物和具有代表意义的特殊钱款是不需要返还的。比如，日常生活中请客吃饭花费的钱，为对方购买衣服花费的钱；在特殊日子里表达爱意的转账或礼物，比如5月20日这天转账520元，七夕这天转账1314元；等等。

2.价值较大的物品，如房产、豪华汽车或者数额较大的现金、转账等赠与，法院可能会推定为是基于结婚目的的赠与，如果双方最终分手，受赠人则需要将赠与物返还。

【关键证据】

赠与物的购物发票；能够证明赠送意图的电话录音、微信聊天记录等；赠送物品时的视频、音频或证人证言；银行转账凭证；微信、支付宝等第三方支付平台的转账记录；等等。

·法条援引·
《中华人民共和国民法典》

第一百五十八条 民事法律行为可以附条件，但是根据其性质不得附条件的除外。附生效条件的民事法律行为，自条件成就时生效。附解除条件的民事法律行为，自条件成就时失效。

恋爱关系中也存在强奸吗

2022年3月，王某经人介绍认识了李某，后两人确定了恋爱关系。2022年6月，李某以"两人性格不合"为由提出分手，但王某却不愿结束这段关系。为了让李某回心转意，在李某生日当天，王某购买了生日蛋糕、鲜花和钻石项链等物品来到李某住所，想借此缓和彼此之间的紧张关系。但不管王某怎么说，李某始终坚持分手。最后，恼羞成怒的王某将李某扑倒，不顾李某激烈反抗，用床单捆绑后强行与其发生了性关系。事后，李某报警，称王某强奸了自己，而王某则认为自己与李某是情侣关系，双方发生性关系并不构成强奸。警方对王某采取刑事强制措施，检察机关依法提起公诉，建议法院判处王某有期徒刑四年六个月。后王某家属赔偿李某10万元，李某选择谅解王某，声称不再追究王某任何法律责任。

【审判结果】

法院经审理认为，王某违背妇女意志，采用暴力手段强行和李某发生性关系，根据《中华人民共和国刑法》的相关规定，王某对李某之行为构成了强奸。鉴于王某获得了李某谅解，并主动赔偿了李某10万元，可以从轻处罚。最终，法院判处李某犯强奸罪，处有期徒刑三年。

·解读分析·

根据《中华人民共和国刑法》第二百三十六条的规定，行为人一旦违背了妇女意志，"以暴力、胁迫或者其他手段"强行和妇女发生性关系，不管行为期间双方是否属于情侣关系，都构成强奸罪。也就是说，即使恋爱关系存续期间，男方也不能违背女方意愿强行和其发生性关系，否则就是强奸行为。

那么，《中华人民共和国刑法》中列举的暴力、胁迫或者其他手段分别属于什么情况呢？

暴力性手段，是指殴打、捆绑等方式。当一方采用殴打、捆绑等方式令受害方丧失反抗能力，继而强行与其发生性关系时，其行为就属于强奸。

胁迫性手段，通常是指一方在精神上威胁另一方，使另一方不敢反抗。比如，男方威胁、恐吓女方，"如果你不服从我，和我发生性关系，我就杀你全家"，使女方不敢反抗，趁机强行与女方发生性关系，这种行为也属于强奸。

其他手段，是指男方采用药物麻醉、用酒灌醉等相对比较隐蔽的手段，令女性处于无意识状态，趁机强行与其发生性关系。

王某虽然和李某属于情侣关系，但在李某提出分手后，王某不顾李某的激烈反抗，采用暴力手段强行与其发生性关系，明显违背李某意志，因此构成强奸罪。《中华人民共和国刑法》对强奸罪的量刑，一般情形的为三年以上十年以下有期徒刑，因为王某获得了李某的谅解，并主动赔偿李某10万元，这种行为符合"从轻处罚"的情节。因此，法官综合考虑犯罪性质、赔偿数额、赔偿能力以及认罪、悔罪程度等情况，最终判处王某有期徒刑三年。

可见，恋爱关系不能成为暴力侵犯女性的护身符。男方有性需求时，应征得女方的同意，只有在你情我愿的前提下才没有法律风险。

【关键证据】

被对方侵犯后，身体上残留的对方的唾液、精液等物证；身体上的伤痕；或对方使用的绳索、安眠药、麻醉剂等犯罪工具；音频或视频资料；等等。

·法条援引·
《中华人民共和国刑法》

第二百三十六条　以暴力、胁迫或者其他手段强奸妇女的，处三年以上十年以下有期徒刑。

奸淫不满十四周岁的幼女的，以强奸论，从重处罚。

强奸妇女、奸淫幼女，有下列情形之一的，处十年以上有期徒刑、无期徒刑或者死刑：

（一）强奸妇女、奸淫幼女情节恶劣的；

（二）强奸妇女、奸淫幼女多人的；

（三）在公共场所当众强奸妇女、奸淫幼女的；

（四）二人以上轮奸的；

（五）奸淫不满十周岁的幼女或者造成幼女伤害的；

（六）致使被害人重伤、死亡或者造成其他严重后果的。

订婚时给的彩礼，
婚没结成，还能要回来吗

刘某和陈某经人介绍相识，后确定恋爱关系。2020年10月，经检查发现陈某已怀孕。2020年11月28日，刘某和陈某举办了订婚仪式。2020年11月29日，刘某经家人向陈某转账136000元。2021年3月，刘某在某商场为陈某购买了华为笔记本电脑。2021年4月，刘某和陈某之子出生，后双方举行了婚礼，但始终未在民政部门办理结婚登记手续。2022年3月，刘某和陈某因性格不合分手，刘某要求陈某返还彩礼136000元以及为其购买的华为笔记本电脑。陈某认为，自己和刘某已订婚共同生活在一起且育有一子，刘某和其父母给付的136000元实际上用作了孩子的抚养费，华为笔记本电脑则属于一般赠与，因此不同意返还。刘某遂向法院提起诉讼，请求判决陈某全额退还彩礼136000元以及华为笔记本电脑。

【审判结果】

法院经审理认为，彩礼是一种以正式结婚为目的的附解除条件的赠与行为。当双方顺利缔结法律承认的婚姻关系后，这种赠与行为就是有效存在的，彩礼归受赠人所有；双方没有缔结法律承认的婚姻关系，那么该赠与行为便失去了法律效力，彩礼应当返回给赠与人。考虑到刘某和陈某举行了婚礼且育有一子，故陈某并不需要全额返还彩礼。最终，法院综合刘某及其父母给陈某转账的总额和其家庭收入等因素，判决陈某返还刘某彩礼8万元，华为笔记本电脑属于恋爱关系中的一般赠与，陈某不必返还。

·解读分析·

彩礼是一种附带了结婚条件的赠与，根据《最高人民法院关于适用〈中华人民共和国民法典〉婚姻家庭编的解释（一）》第五条的规定，在双方没有在民政部门办理结婚登记手续的情况下，法院是支持彩礼返还的。

但这并不意味着订婚以及双方交往期间内男方给付给女方的所有钱款和财物都须全部返还。比如，双方在恋爱期间的日常生活开支，一些以维护情感为目的的小额赠与，操办订婚仪式的消费支出，法院都不支持返还。

另外，彩礼是否全额返还，需要依据当事人的具体情况进行判定，其主要影响因素有以下五点：

第一，男女双方订婚后是否有共同生活。一般情况下，男女双方没有共同生活，彩礼返还比例就高；相反，双方恋爱后共同生活在一起，则彩礼返还比例就会降低。

第二，共同生活的时间长短。男女双方共同生活的时间越短，彩礼返还比例越高；相反，男女双方共同生活的时间越长，彩礼返还的比例越低。

第三，双方共同生活期间是否孕育子女。共同生活期间没有孕育子女，彩礼返还比例较高；共同生活期间孕育有子女，彩礼返还比例较低。

第四，无法顺利在民政部门登记结婚的具体原因。男女双方最终分手的原因也决定了彩礼的返还比例高低。假如男方存在过错，彩礼返还比例可能会变低；假如女方存在过错，彩礼返还比例则会变高。

第五，当地的经济发展水平和风俗等。给付给女方的彩礼与当地经济发展水平相比属于"大额钱款"，给付后男方家庭生活困难，且当地有订婚给彩礼的习俗，彩礼返还比例会高，甚至全额返还。

法院会综合上述五种因素确定彩礼的最佳返还比例。

【关键证据】

通过视频、文字等方式记录下来的彩礼给付过程；银行转账凭证；通过银行 APP、微信、支付宝等网上支付的转账记录；等等。

·法条援引·
《最高人民法院关于适用〈中华人民共和国民法典〉婚姻家庭编的解释（一）》

第五条　当事人请求返还按照习俗给付的彩礼的，如果查明属于以下情形，人民法院应当予以支持：

（一）双方未办理结婚登记手续；

（二）双方办理结婚登记手续但确未共同生活；

（三）婚前给付并导致给付人生活困难。

适用前款第二项、第三项的规定，应当以双方离婚为条件。

闪婚后发现彼此并不合适，
离婚时彩礼能要回来吗

2023年9月，程某和李某经人介绍仅一个月后便迅速订婚。按照当地的习俗，程某在订婚当天给予李某彩礼36万元。2023年10月，程某和李某登记结婚。婚后，程某和李某发现之前对彼此的了解并不深入，双方在性格和生活习惯上存在较大差异，两人经常为了一些生活琐事吵架。在2023年12月的一次争吵后，李某搬回娘家居住，双方开始两地分居。其间，程某和李某之间虽偶有沟通，但一直未能和好。2024年3月，李某向法院提起诉讼，请求判决两人离婚。程某也同意结束这段婚姻，但要求李某全额返还36万元彩礼。

【审判结果】

法院经审理认为，程某和李某婚前对彼此缺乏深入了解，婚后也并没有建立起深厚的夫妻感情。根据程某和李某提供的证据可知，二人结婚后经常为了生活琐事争吵。现在双方都同意离婚，法院调解无果，依法判决程某和李某离婚。订婚时程某给予李某36万元彩礼，对照当地经济发展水平和程某家庭经济收入，彩礼数额过高。程某和李某婚姻关系仅仅维持了5个多月，共同生活时间非常短。法院据此部分支持程某诉讼请求，最终判决李某返还彩礼31万元。

·解读分析·

谈婚论嫁，彩礼是重头。在我国传统习俗中，彩礼体现了人们对美满婚姻生活的一种期盼、一种祝福。因此，男方向女方给付彩礼的目的是缔结婚约，双方走进婚姻殿堂，长期共同生活。

也就是说，假如两个人结婚后共同生活时间不长，那么离婚时男方送给女方的彩礼是可以部分甚至全额要回的。

根据我国相关法律法规，在以下两种情况下法院会支持男方要求女方返还彩礼的请求。

第一种情况：双方办理结婚登记手续但却未共同生活的。共同生活是指男女双方结婚后居住在同一住所，主观上具有长期共同生活的强烈愿望，客观上则能够共同履行夫妻间的义务。只有婚姻之名，没有共同生活，那么男方可以要求女方返还彩礼，至于返还的比例，法院会在判决时考虑双方过错程度、彩礼使用情况以及当地风俗习惯，综合确定。

假如婚后两个人共同生活时间较短，且给付的彩礼数额较高，那么，法院会综合考虑彩礼数额、共同生活时间、孕育情况、双方过错等因素，确定是否返还以及返还的具体比例。

第二种情况：婚前给付并导致给付人生活困难的。生活困难，是指离婚后给付彩礼的一方依靠个人财产和离婚时分得的财产没有办法维持当地最基本的生活水平。法院在认定时，通常会考虑给付人是不是为了筹措彩礼而全家共同举债，进而导致家庭生活水平严重下降；家庭成员有没有稳定的经济收入；家庭成员中有没有人患重大疾病；等等。

程某和李某婚后共同生活时间仅有两个多月，且 36 万元的彩礼高于当地收入水平。所以，法院最终判决李某部分返还程某给付的彩礼。

【关键证据】

能够证明双方在登记结婚后没有共同生活的音频、视频资料，或者证人证言；相关部门出具的生活困难证明；结婚证以及可以证明双方共同生活时间较短的证人证言；等等。

·法条援引·
《最高人民法院关于审理涉彩礼纠纷案件适用法律若干问题的规定》

第五条　双方已办理结婚登记且共同生活，离婚时一方请求返还按照习俗给付的彩礼的，人民法院一般不予支持。但是，如果共同生活时间较短且彩礼数额过高的，人民法院可以根据彩礼实际使用及嫁妆情况，综合考虑彩礼数额、共同生活及孕育情况、双方过错等事实，结合当地习俗，确定是否返还以及返还的具体比例。

人民法院认定彩礼数额是否过高，应当综合考虑彩礼给付方所在地居民人均可支配收入、给付方家庭经济情况以及当地习俗等因素。

房子由父母出资购买，
离婚时房产应如何分割

刘某（男）和谢某（女）于 2020 年 10 月办理结婚登记，登记当天，谢某的父母向刘某的父母提出要求，必须将他们名下的一处房产登记到刘某和谢某名下，否则不允许双方结婚。刘某的父母遂在刘某和谢某办理完结婚登记后，将多年前购买的一套房屋以买卖的名义转移登记于刘某和谢某名下，刘某和谢某并没有为该房屋支付任何价款。

2022 年 12 月，刘某和谢某感情破裂，双方协议离婚，谢某要求平均分割双方名下的该套房屋。经过专业评估公司评估后，确认该套房屋市场价值为 460 万元，谢某认为自己应当分得 230 万元。刘某则认为该套房产属于父母赠与，为其所有，与谢某没有任何关系，因此拒绝谢某分割该套房产的要求。谢某遂向法院提起诉讼，请求法院判决自己拥有该套房产一半产权。

【审判结果】

法院经审理认为，涉案房屋之前为刘某父母所有，但在刘某和谢某登记结婚后转移登记到二人名下，刘某和谢某没有支付任何价款，因此，该房屋应视为刘某父母对刘某和谢某夫妻二人的赠与，应当作为夫妻二人的共同财产进行分割。最终，法官综合考虑涉案房屋权属转移登记的原因、刘某父母将房屋赠与刘某和谢某二人的原因、刘某和谢某婚姻维持时间等因素，判决该套房屋属刘某所有，刘某向谢某支付房屋补偿款 180 万元。

· 解读分析 ·

按照中国的传统婚姻习俗，男女双方结婚时，男方父母应该为儿子准备婚房。碍于亲情、面子等因素，男女双方对房屋的出资性质往往不会作出明确的约定。一旦夫妻双方婚姻破裂，由男方父母出资购买的房屋如何分割便成了老大难问题——男方会认为房屋是父母财产，而女方则认定房屋是男方父母对夫妻二人的赠与。

父母出资为子女购买的房屋在子女离婚时如何分割，主要受两个因素影响。

因素一：双方是否存在明确的约定。父母在出资为子女购买房屋时，和子女有没有具体约定，是借款、共有还是赠与？如果父母和子女之间有约定，那么法院在判决时，便会按照该约定认定涉案房屋的性质。

因素二：房屋登记情况和父母出资时间。子女结婚之前父母为其所购买房屋出资的，通常会将该出资视为父母对自己子女的个人赠与；假如父母明确表示将出资购买的房屋赠与儿子儿媳或者女儿女婿，房屋则为夫妻双方所有。子女结婚之后，父母为子女出资购买的房屋，则会被认为是对儿子儿媳或女儿女婿二人的赠与，为夫妻二人共同所有。

可以这样简单理解，在没有明确约定的前提下，不管父母出资为子女购买房屋的行为发生在子女婚前还是婚后，产权登记在子女名下的，通常都会被视为对子女的单方赠与；登记在夫妻二人名下的，通常会被视为对夫妻二人的赠与。

如果父母出资购买的房屋被视为夫妻共同财产，应当如何分割呢？通常，假如父母的出资比例比较低的话，根据公平公正的原则，分割时通常会"均分"，即夫妻双方一人一半。假如父母的出资数额较大甚至是全款购房，按照"公平原则"，法院在分割房屋时通常会向出资一方适度倾斜。

刘某和谢某登记结婚后，刘某的父母虽然以买卖的名义将所购房产转移到夫妻二人名下，但刘某和谢某并没有实际支付价款。另外，刘某父母和刘某、谢某夫妻二人也没有对涉案房屋的所有权性质作出清晰明确的约定。因此，法院将刘某父母全款购买并登记在二人名下的房屋视为对夫妻二人的赠与，属于夫妻双方共同财产。

但考虑到涉案房屋乃刘某父母全额出资购买，且价格超过400万元，而刘某和谢某之间的婚姻关系也仅仅维持了2年多，因此法院在分割该房屋时适度向刘某倾斜。

【关键证据】

父母出资为子女购买房产时作出的属于借款、共有或赠与的有双方签字画押的书面证明；相关的证人证言；等等。

·法条援引·

《最高人民法院关于适用〈中华人民共和国民法典〉婚姻家庭编的解释（一）》

第二十九条　当事人结婚前，父母为双方购置房屋出资的，该出资应当认定为对自己子女个人的赠与，但父母明确表示赠与双方的除外。

当事人结婚后，父母为双方购置房屋出资的，依照约定处理；没有约定或者约定不明确的，按照民法典第一千零六十二条第一款第四项规定的原则处理。

婚姻关系存续期间，
一方可以私自处置共有房屋吗

郑某与马某于 2016 年 1 月结婚，婚后两人陆续购入两套房屋，一套自住，一套出租，由于郑某常年在国外工作，两套房子均登记在妻子马某名下。后两人因为长期分居，感情越来越淡薄，矛盾越来越突出，2021 年 2 月，郑某经过慎重考虑，决定和马某离婚。在分割财产时，郑某才发现原本出租出去的那套房屋已经被马某出售。郑某立即找到了购买房屋的门某，认为其和马某之间的交易没有经过自己的同意，买卖合同没有法律效力，要求其返还房屋。而门某则拒绝返还，认为自己和马某签订的房屋买卖合同符合相关法律法规，且已经全额付款，自己才是房屋的主人，郑某应当向马某主张权利。郑某遂向法院提起诉讼，请求判决马某和门某签订的房屋买卖合同无效。

【审判结果】

法院经审理认为，根据《中华人民共和国民法典》的相关规定，在夫妻关系存续期间购买的房屋，不管该房屋登记在谁的名下，都属于夫妻共同财产。马某作为涉案房屋不动产权证登记人已经私下和门某签订了房屋买卖合同，该房屋买卖合同具有法律效力，门某属于善意取得不动产的一方，出售价格符合市场行情，且门某全额支付了房屋价款，双方完成了房屋产权转移登记。因此，法院最终驳回了郑某要求门某返还房屋的请求。

·解读分析·

根据《中华人民共和国民法典》相关规定，门某在不知情的情况下和马某签订房屋买卖合同，且全额支付了价款，属于善意取得。因为在这个过程中，门某并不知道马某是瞒着丈夫郑某出售该房屋的，所以他的购买行为是善意的，并且，涉案房屋出售时的价格和当时的市场价格一致，已经在房管部门完成了所有的过户手续——这些都满足善意取得要件。因此，郑某不能向购买房屋的门某主张权利，要求其返还房屋。

那么，这是不是意味着郑某只能吃哑巴亏呢？答案是否定的。因为涉案房屋是郑某和马某的共同财产，所以在离婚时，郑某可以要求马某赔偿自己的损失，将原本属于自己的房屋份额折价成货币"要回来"。

通常情况下，夫妻一方可以通过三种方法防止另一方私自处理不动产、动产等夫妻共同财产。

1.将房屋等需要登记的财产权利人登记为夫妻双方。比如，婚后购入的房屋，在办理不动产权证时，可以写上夫妻双方的名字。这样一来，该房屋在出售时，必须取得夫妻两人的同意才能顺利出售办理房屋产权转移手续。即使夫妻一方声称自己已经获得了另一方的授权，买方也需要尽到相应的注意义务，了解房屋产权所属二人是否真的就房屋出售达成了一致意见，否则之后出现买卖纠纷，买方就很难被认定为"善意取得"。

2.在夫妻关系存续期间，没有登记成为房屋权利人的一方可以向法院提起诉讼，请求法院判决房屋为夫妻共同财产，将自己列为房屋共有人。

3.假如夫妻关系持续恶化，为了防止一方恶意转移财产，另一方可以向当地房产交易中心申请对共有房屋异议登记。如此一来，不动产登记簿上便会记载对该不动产登记正确性的异议，表示该房屋的登记有可能是正确的，也有可能是错误的。如此一来，房屋登记就失去了正确性推定的效力，第三人不得主张基于登记而产生的公信力，进而第三人在购买该房屋时就会迟疑。

【关键证据】

婚后购买房屋的买卖合同、房款转账记录；夫妻双方涉及房屋买卖的视频、音频或微信聊天记录；私自出售房屋一方同购房人签订的房屋买卖合同以及购房款转账记录；等等。

·法条援引·
《中华人民共和国民法典》

第三百一十一条　无处分权人将不动产或者动产转让给受让人的，所有权人有权追回；除法律另有规定外，符合下列情形的，受让人取得该不动产或者动产的所有权：

（一）受让人受让该不动产或者动产时是善意；

（二）以合理的价格转让；

（三）转让的不动产或者动产依照法律规定应当登记的已经登记，不需要登记的已经交付给受让人。

受让人依据前款规定取得不动产或者动产的所有权的，原所有权人有权向无处分权人请求损害赔偿。

当事人善意取得其他物权的，参照适用前两款规定。

《最高人民法院关于适用〈中华人民共和国民法典〉婚姻家庭编的解释（一）》

第二十八条　一方未经另一方同意出售夫妻共同所有的房屋，第三人善意购买、支付合理对价并已办理不动产登记，另一方主张追回该房屋的，人民法院不予支持。夫妻一方擅自处分共同所有的房屋造成另一方损失，离婚时另一方请求赔偿损失的，人民法院应予支持。

婚姻关系存续期间，
一方给第三者的财物，另一方可以追回吗

　　李某和周某于 2010 年登记结婚，婚后育有一子一女。2020 年，周某所在单位和关联企业组织了一次联谊会，在这次联谊会上，周某认识了孙某，二人互有好感，最终发展成了不正当交往关系。之后周某私下"借给"孙某 43 万元用于购买房屋，又通过微信、支付宝等多次向孙某转账 23 万元用于房屋后续装修。2022 年，李某发现周某和孙某存在不正当关系后，并未立即揭破，而是引而不发，通过"查阅"二人微信聊天记录，掌握了周某转给孙某的钱款共计 66 万元。李某找到孙某，要求其全额返还 66 万元，但孙某仅仅返还了 43 万元，坚称另外 23 万元为周某个人赠与。李某向法院提起诉讼，请求法院判决孙某立即返还不当得利 23 万元。

【审判结果】

　　法院经审理认为，周某在与李某婚姻关系存续期间，与第三人保持不正当关系，违反了夫妻应当相互忠诚、彼此尊重的公序良俗。在周某和孙某不正当交往期间，周某多次通过银行 APP、微信、支付宝等方式向孙某转账共计 66 万元，帮助其购房和装修，所转款项可以认定为周某对孙某的赠与财物行为，该赠与行为违背公序良俗，应认定无效。周某在没有和妻子李某沟通的情况下，擅自处置共有财产，孙某也并非善意第三人，李某作为蒙受损失的一方，要求孙某返还相应的赠与，合理合法，应予支持。最终，法院判决被告孙某返还原告李某 23 万元。

·解读分析·

在婚姻关系存续期间，如果没有事先约定实行分别财产制度，那么夫妻所得的工资、奖金、股权分红等财物都属于夫妻共同财产。夫妻对共同所有的财产不分份额地享有共同所有权，一方因为家庭日常生活需要对共同所有的财产作出重大处置时，应当事先告知对方，在平等协商基础上达成一致意见。也就是说，夫妻一方不能单方面擅自处置夫妻共同所有的财产，否则该行为就可能在法律上被认定为无效。

在婚姻关系存续期间，出轨的一方擅自处置夫妻共同所有的财物，将其赠与第三者，第三者接受的财物在性质上通常属于赠与。夫妻另一方对出轨方将共同所有的财物赠与第三者的行为不知情且不同意，之后也没有对此行为明示或追认，第三者明知道对方有法定配偶仍然接受对方的赠与，那么这种赠与便违背了公序良俗，第三者也非善意获得。

在婚姻关系存续期间，一方出轨和第三者长期保持不正当男女关系，这种行为明显不道德，违反了夫妻需相互忠诚、彼此尊重的原则，有违公序良俗。在此期间，出轨一方将夫妻共同所有的财产赠与第三者，帮助其支付生活费用，购买房产、奢侈品等，便属于无效民事法律行为，另一方有权要求第三者返还所有赠与的财物。

本案中周某婚内出轨，并擅自将夫妻共同所有的 66 万元给予第三者孙某，支持其购买房产和装修。这种行为既不是因为家庭日常生活需要进行的支出，事后也没有得到李某的追认，第三者孙某的获得并非善意，且违背公序良俗，因此周某的赠与无效。

【关键证据】

出轨一方同第三者联系的音频、视频和微信聊天记录；能够证明夫妻一方出轨的证人证言；出轨一方给第三方的转账记录，购买房产、奢侈品等贵重物品的发票；能够证明第三者知道出轨方已经结婚的音频、视频和聊天记录；等等。

·法条援引·
《中华人民共和国民法典》

第八条　民事主体从事民事活动，不得违反法律，不得违背公序良俗。

第一百二十二条　因他人没有法律根据，取得不当利益，受损失的人有权请求其返还不当利益。

第一百五十三条　违反法律、行政法规的强制性规定的民事法律行为无效。但是，该强制性规定不导致该民事法律行为无效的除外。

违背公序良俗的民事法律行为无效。

第九百八十五条　得利人没有法律根据取得不当利益的，受损失的人可以请求得利人返还取得的利益，但是有下列情形之一的除外：

（一）为履行道德义务进行的给付；

（二）债务到期之前的清偿；

（三）明知无给付义务而进行的债务清偿。

如何认定夫妻共同债务

2020 年 8 月，孟某向朋友王某借款 20 万元，并主动出具了一张借条。2022 年 4 月，王某因资金周转困难向孟某催要该借款，但孟某仅仅归还了 5 万元，孟某及其配偶万某表示剩余借款 6 个月后归还。但 6 个月后王某催促孟某还款时，孟某再次推托手中无钱，要求 1 年后再归还剩余借款。王某遂将孟某和万某夫妻二人起诉至法院，要求二人归还剩余借款。万某表示自己已经于 2022 年 6 月与孟某离婚，之前向王某承诺还款目的在于让其放心，孟某从王某处借来的 20 万元属于其个人债务，理应由孟某承担。

【审判结果】

法院经审理认为，孟某向王某借款 20 万元的行为，发生在其与万某夫妻关系存续期间，且在王某向孟某催讨时，万某未曾提出自己对该借款不知情、拒绝还款等主张。相反，万某多次向王某承认借款事实，并承诺与孟某一起偿还该借款，对涉案借款做出了明确追认。最终，法院判决万某和孟某承担共同还款责任。

·解读分析·

通常，夫妻共同债务的认定主要有三个标准。

第一，夫妻双方有共同承担债务的表示。假如夫妻双方明确表达了共同承担债务的意愿，那么所借债务通常会被认定为夫妻共同债务。比如，夫妻一方向第三方借款，在出具的借条上，夫妻二人都签了名、按了手印，这笔借款便是双方都认可的债务。再如，夫妻一方在婚姻关系存续期间以个人名义对外借款，另一方事后追认，承诺和配偶一起偿还该借款。

第二，所借债务用于夫妻家庭日常生活。家庭日常生活如何认定呢？在司法实践中，家庭日常生活通常包括夫妻双方以及共同生活的未成年子女的衣食住行、医疗保健、子女教育、赡养老人等。比如，夫妻二人想要购买一套新住房，但存款不够首付，于是丈夫向一位大学同学借了50万元，这50万元便属于夫妻共同负债。

第三，超出家庭日常生活需要但用于夫妻共同生活、共同生产经营或基于夫妻双方共同意思表示的债务。假如夫妻一方的借债明显超出了家庭日常生活所需，但所借款项用于共同生活、共同经营，那么该笔借债也属于夫妻共同债务。在司法实践中，通常四种债务会被认定为"超出家庭日常生活所需"：债务人所借之债务明显超出自身或当地普通居民家庭日常消费水平；债务发生时，夫妻感情不和，或处于分居状态，或正要协议离婚，或正在离婚诉讼；债权人知道债务人将资金用于赌博、吸毒等违法行为仍然借贷的；债权人明知债务人已经身负大额债务没有偿还能力，仍然向其借款。

可见，如果夫妻一方不想成为共同债务人的话，就必须证明配偶所借债务不是夫妻共同债务。

1. 没有在大额债务协议上签字、按手印。

2. 没有使用自己名下的账户与债权人产生资金交集。

3. 没有在配偶举债前后购置豪车、豪宅等大宗财产。

4. 在经济上独立，生活上没有过度依赖配偶。

5. 没有直接参与配偶公司的经营，也没有挂名配偶公司的法定代表人。

6. 和配偶协议离婚时，明确夫妻共同债务，以书面形式确定由谁偿还债务。

【关键证据】

能够证明夫妻一方借款时自己并不知情的视频、音频或微信聊天记录；夫妻一方所借债务去向的银行流水、消费账单等，证明该笔借款并没有被用于家庭日常生活；夫妻双方约定所借债务由举债人完全承担的书面承诺书；等等。

·法条援引·
《中华人民共和国民法典》

第一千零六十四条　夫妻双方共同签名或者夫妻一方事后追认等共同意思表示所负的债务，以及夫妻一方在婚姻关系存续期间以个人名义为家庭日常生活需要所负的债务，属于夫妻共同债务。

夫妻一方在婚姻关系存续期间以个人名义超出家庭日常生活需要所负的债务，不属于夫妻共同债务；但是，债权人能够证明该债务用于夫妻共同生活、共同生产经营或者基于夫妻双方共同意思表示的除外。

"夫债"一定要"妻还"吗

2019 年，王某和程某达成豆类供应协议，约定每年由程某向王某供应大豆。2023 年 3 月，经过双方结算，王某未付货款还有 100 万元。后来程某多次催要无果，遂向王某妻子刘某讨要，刘某认为程某和王某合作事宜以及该笔 100 万元欠款自己并不知情，这笔钱也未用于夫妻共同生活，不属于夫妻共同债务，因此拒绝偿还。

程某遂将王某及其妻子刘某起诉到法院，请求判令二被告支付欠款100万元。

【审判结果】

法院经审理认为，原告程某未能提供证据证明其与被告一王某之间有生意往来时，被告二刘某也参与其中，不能证明被告二刘某对该笔100万元知情并进行了追认，也不能证明被告一王某参与经营的款项获得的利润用于夫妻共同生活。因此，法院不支持原告程某要求被告二刘某对该100万元的欠款承担连带清偿责任的诉求。最终，法院判决被告一王某在判决生效十五日内偿还程某100万元，驳回原告其他诉讼请求。

· 解读分析 ·

什么样的债务属于夫妻共同债务，什么样的债务不属于夫妻共同债务呢？

夫妻双方共同签名或者夫妻一方事后追认等共同意思表示所负的债务，司法实践中通常会被认定为夫妻共同债务。另外，夫妻一方在婚姻关系存续期间，以个人名义为家庭日常生活需要所背负的债务，也属于夫妻共同债务。

夫妻一方在婚姻关系存续期间以个人名义超出家庭提升生活需要所背负的债务，则不属于夫妻共同债务。但是如果债权人能够证明该笔债务被用在了夫妻共同生活、共同生产经营上，或者基于夫妻双方共同意思表示，则属于夫妻共同债务。

属于夫妻共同债务的，那么夫债需要妻子一起还；不属于夫妻共同债务的，则夫债不可由妻子来还。

【关键证据】

能够证明夫妻双方都参与了经营活动的音频、视频或聊天记录；能够证明债务款项被用于夫妻共同生活的转账记录、消费单据以及证人证言；能够证明夫妻一方对另一方所欠债务进行追认的音频、视频和微信聊天记录；等等。

·法条援引·
《中华人民共和国民法典》

第一千零六十四条　夫妻双方共同签名或者夫妻一方事后追认等共同意思表示所负的债务，以及夫妻一方在婚姻关系存续期间以个人名义为家庭日常生活需要所负的债务，属于夫妻共同债务。

夫妻一方在婚姻关系存续期间以个人名义超出家庭日常生活需要所负的债务，不属于夫妻共同债务；但是，债权人能够证明该债务用于夫妻共同生活、共同生产经营或者基于夫妻双方共同意思表示的除外。

结婚时约定"AA 制"，
离婚时可以要求对方补偿吗

2021 年 1 月，李某和杜某步入婚姻殿堂，组建了自己的小家庭，两人以书面形式约定"各自取得的工资、奖金、股权分红等财产归个人所有"。2022 年 12 月，女儿出生后由于无人照看，杜某便辞职在家做起了全职妈妈和全职太太，负责照顾女儿以及李某的生活起居。此后，两人经常因为一些日常琐事争吵，甚至几次大打出手。2024 年 3 月，李某向法院提起诉讼，请求法院判决自己与杜某离婚，并按照各自收入进行财产分割。杜某对离婚没有异议，但在财产分割上，杜某认为自己为了照顾女儿和李某的生活而放弃了事业，对生活付出了较多义务，要求李某补偿自己 10 万元。

【审判结果】

法院经审理认为，李某和杜某约定婚姻关系存续期间"各自取得的工资、奖金、股权分红等财产归个人所有"，符合夫妻财产约定制，协议认定有效。但在婚姻关系存续期间，杜某在抚养子女、照顾李某生活起居等方面付出了更多，因此，离婚时有权要求李某给予一定数额的补偿。最终，法院判决李某和杜某离婚，李某向杜某补偿 5 万元。

·解读分析·

我国现行法律允许夫妻财产自治，即夫妻约定财产制。夫妻双方可以采用书面约定的形式，对夫妻二人在婚前和婚姻关系存续期间所取得财产的所有权归属、管理、使用、收益、处分以及对第三方债务的清偿、婚姻解除时财产的分割等事项作出具体约定。

简单地说，就是夫妻双方可以对共同财产作出约定和处分。但需要注意的是，想要确保夫妻约定具备法律效力，作出约定的夫妻双方应当具备完全民事行为能力，在平等自愿的前提下作出相应约定，且该约定以书面形式作出。不过，如果夫妻约定的目的是对抗第三人，则这一约定不成立，除非第三人知晓此约定。

但是夫妻双方的约定并非"固若金汤"，在离婚时，因以下特殊情况，一方可以要求另一方对自己作出补偿。

情况一：一方为家庭生活付出了较多义务。比如，女方在生育子女后放弃了原本的事业，做起了全职妈妈和全职太太，离婚时便可以要求另一方对自己进行补偿。

情况二：一方生活困难，离婚后依靠个人财产和离婚时分得的财产无法维持正常生活。生活困难的一方可以请求另一方给予适度补偿。

情况三：离婚后，一方没有住处的。离婚后，一方没有能力找到固定住所，另一方需要从其个人财产中给予适度补偿。

本案中，李某和杜某虽然在婚后以书面约定的形式确定"各自取得的工资、奖金、股权分红等财产归个人所有"，但相对李某，杜某对家庭生活付出更多，不仅为了照顾孩子辞掉了工作，而且肩挑起了照顾李某生活起居的担子。因此，法院在审理期间，虽然认定李某和杜某签的财产约定具有法律效力，但也部分支持了杜某"要求李某给予补偿"的请求。

【关键证据】

夫妻双方就财产所作的有各自签名、按手印的书面约定；能够证明自己为家庭生活承担了更多义务的音频、视频或证人证言；相关单位出具的生活困难证明；等等。

· 法条援引 ·
《中华人民共和国民法典》

第一千零六十五条　男女双方可以约定婚姻关系存续期间所得的财产以及婚前财产归各自所有、共同所有或者部分各自所有、部分共同所有。约定应当采用书面形式。没有约定或者约定不明确的，适用本法第一千零六十二条、第一千零六十三条的规定。

夫妻对婚姻关系存续期间所得的财产以及婚前财产的约定，对双方具有法律约束力。

夫妻对婚姻关系存续期间所得的财产约定归各自所有，夫或者妻一方对外所负的债务，相对人知道该约定的，以夫或者妻一方的个人财产清偿。

第一千零八十八条　夫妻一方因抚育子女、照料老年人、协助另一方工作等负担较多义务的，离婚时有权向另一方请求补偿，另一方应当给予补偿。具体办法由双方协议；协议不成的，由人民法院判决。

婚前一方故意隐瞒病史，
婚后另一方可以起诉离婚吗

李某和夏某经人介绍相识，交往三个月后，便于 2022 年 10 月登记结婚。婚后，夏某发现李某经常一个人发呆，有时候还会自言自语。一开始，夏某认为这些行为是李某的个人习惯，并没有将之放在心上。但后来夏某又发现李某情绪非常不稳定，经常因为一些小事大喜大悲，其间表情、语言和动作非常夸张，有失控迹象。2023 年 1 月，夏某偶然间发现李某偷偷服用药物，在查询这些药物的用途后，发现都是用来治疗精神类疾病的。在夏某的追问下，李某承认自己几年前就被确诊为双相情感障碍，虽然一直服用药物，但病情并没有好转。夏某认为自己受到了欺骗，假如在婚前就得知李某患病的话，自己根本不会考虑与其结婚。夏某遂向人民法院提起诉讼，以李某故意隐瞒重大疾病为由，请求判决撤销二人婚姻，并要求李某向自己支付 5 万元精神损失费。

【审判结果】

法院经审理认为，李某在结婚前知晓自身患有双相情感障碍，且一直未能治愈，但为了能够和夏某结婚，故意隐瞒病情，既侵犯了夏某的知情权，也违反了法律规定。夏某在知道李某患有重大疾病之日起一年内申请撤销婚姻，符合《中华人民共和国民法典》第一千零五十三条的规定。最终，法院判决撤销李某和夏某的婚姻，李某向夏某支付精神损失费 5 万元。

· 解读分析 ·

根据《中华人民共和国民法典》第一千零五十三条规定，一方患有重大疾病的，应当在结婚前如实告知另一方，假如不如实告知，另一方就可以向人民法院提起诉讼，请求法院撤销婚姻。需要注意的是，一方以另一方隐瞒重大疾病为由请求法院撤销婚姻有时间限制，即自知道或者应当知道撤销事由之日起一年内。

在司法实践中，重大疾病通常是指医治花费巨大且在较长一段时间内严重影响患者正常生活和工作的疾病。

《中华人民共和国母婴保健法》第八条规定，婚前医学检查包括对下列疾病的检查：（一）严重遗传性疾病；（二）指定传染病；（三）有关精神病。经婚前医学检查，医疗保健机构应当出具婚前医学检查证明。根据《中华人民共和国母婴保健法》第八条的规定，在婚前医学检查时，需要重点检查这三大类疾病：

1.严重遗传性疾病。严重遗传性疾病是因为遗传因素先天形成的疾病，患这种疾病的人往往会全部或者部分丧失自主生活能力，且后代罹患该病的风险非常高。因此，医学上认为患有严重遗传性疾病的人不宜生育。

2.指定传染病。麻风病、梅毒、淋病、艾滋病以及医学上认为影响结婚和生育的其他传染病。

3.有关精神病。躁狂抑郁型精神病、精神分裂症以及其他重型精神病。

对于如何界定"婚前如实相告"，在司法实践中通常依据两个要点判断：首先，告知的时间必须是在结婚登记前；其次，必须是毫无隐瞒，如实相告。

本案中，李某患有的双相情感障碍是医学上认定的影响结婚的精神类疾病，久治不愈，能够在较长时间内影响夫妻正常生活，属于《中华人民共和国民法典》第一千零五十三条中所指的重大疾病，其以结婚为目的故意隐瞒该疾病，侵犯了夏某的知情权，因此，夏某有请求撤销婚姻的权利。

被法院撤销后的婚姻在法律上便丧失了约束力，男女双方此前的共同生活在性质上实际为"同居关系"，而非婚姻关系。在此期间所得财产，应当由男女双方在平等基础上协商分配。假如双方就财产分割达不成统一意见，那么可以向法院提起诉讼，请求法院依法判决。需要注意的是，婚姻被法院撤销时，无过错一方可以要求过错方赔偿损失，因此，法院支持了夏某要求李某赔偿精神损失的请求。

【关键证据】

婚前一方未告知另一方自身患有重大疾病的证人证言；一方患有重大疾病的诊断书；不能正常生活的音频、视频资料；偷偷服用的药物；等等。

·法条援引·
《中华人民共和国民法典》

第一千零五十三条 一方患有重大疾病的，应当在结婚登记前如实告知另一方；不如实告知的，另一方可以向人民法院请求撤销婚姻。

请求撤销婚姻的，应当自知道或者应当知道撤销事由之日起一年内提出。

婚内一方出轨，另一方可以起诉离婚吗

王某和李某为某单位同事，经自由恋爱于2020年7月结婚，2021年8月，李某生育一女。2021年12月，王某去另一城市工作，此后夫妻二人一直处于分居状态。2023年，李某发现王某与其他女人交往，第一次萌生离婚念头，但考虑到孩子还小，再加上王某再三保证一定和对方断绝关系，回归家庭，李某最终原谅了王某。2024年3月，李某发现王某并没有和先前出轨女子断绝关系，而是一直在暗中交往。李某对王某彻底死心，将其诉至法院，请求法院判决离婚，并要求王某支付其精神损失费10万元。王某同意离婚，但辩称其与所谓的"第三者"仅仅是好友关系，并没有同居，不同意向李某支付任何精神损害抚慰金。

【审判结果】

法院经审理认为，王某和李某虽然系自由恋爱结婚，但婚后感情并不深厚，且因为工作长期分居，致使夫妻之间的感情越发冷淡。虽然王某否认自己在婚姻关系存续期间存在出轨行为，但根据李某提供的王某与其他女子的微信聊天记录、王某居住地监控视频、所写保证书等材料，足以认定王某在一定时间和其他女子存在婚外情，构成重大过错，最终导致双方感情破裂。现在李某主张离婚，王某同意，故判决二人离婚，王某向李某支付精神损害抚慰金 2 万元。

·解读分析·

从严格意义上来说，"出轨"并非一个法律概念，而是一种违反了婚姻忠诚义务的行为。从实际情况看，嫖娼、一夜情等行为是出轨，和他人同居甚至重婚，也是出轨。

《中华人民共和国民法典》第一千零七十九条将"重婚或者与他人同居"这种情节特别严重的出轨行为列为法院必须支持的离婚条件之一，即夫妻一方和案外人员重婚或者同居的，另一方诉讼离婚，法院应当判决离婚。另外，因为重婚或者与他人同居而导致离婚的，无过错一方可以要求过错方给予一定赔偿。

但需要注意的是，《中华人民共和国民法典》以及相关司法解释仅仅列举了"重婚"和"与他人同居"这两种比较严重的出轨行为，对其他出轨行为则没有明确描述。因此，当夫妻一方存在除"重婚"或"与他人同居"之外的其他出轨行为时，但另一方没有办法证明双方感情完全破裂，法院通常不会因为一方存在出轨行为就判决双方离婚。

不过，假如夫妻一方的出轨行为被法院认定为"导致夫妻之间感情破裂"，则法院会支持另一方的离婚请求。

夫妻双方感情是否因为一方的出轨行为而完全破裂，主要从四个方面判断：

1. 婚后感情。夫妻二人婚后感情如何？假如二人婚后感情一直比较疏离、冷漠，一方出轨后导致双方感情破裂的可能性就会变高；

相反，二人婚后感情一直非常好，一方的出轨行为造成双方感情破裂的可能性就会低很多。

2. 离婚原因。夫妻一方因多次出轨而导致另一方诉讼离婚，法院判定双方感情破裂的可能性就高；一方仅仅出轨一次，法院判定双方感情破裂的可能性就低。

3. 夫妻关系。夫妻一方出轨后，另一方的反应如何？如果双方还存在感情，能够相互沟通，法院判定双方感情破裂的可能性就低；相反，一方出轨后，夫妻间的关系水火不容，法院判定双方感情破裂的可能性就高。

4. 有无和好的可能。有和好的可能，法院判定双方感情破裂的可能性就低；反之就高。

本案中，王某和李某虽然是自由恋爱结婚，但两人结婚后感情比较疏离，又长期分居，再加上王某多次出轨，严重伤害了李某的感情，致使夫妻之间仅存的一点感情彻底耗尽。因此，法院支持了李某的离婚请求，并判决王某赔偿李某精神损害抚慰金。

【关键证据】

能够证明一方和其他女子（男子）同居的租房合同、监控视频、消费记录等；能够证明一方和其他人结婚的《结婚证》；能够证明一方和其他人同居或重婚的证人证言；等等。

·法条援引·
《中华人民共和国民法典》

第一千零七十九条　夫妻一方要求离婚的，可以由有关组织进行调解或者直接向人民法院提起离婚诉讼。

人民法院审理离婚案件，应当进行调解；如果感情确已破裂，调解无效的，应当准予离婚。

有下列情形之一，调解无效的，应当准予离婚：

（一）重婚或者与他人同居；

（二）实施家庭暴力或者虐待、遗弃家庭成员；

（三）有赌博、吸毒等恶习屡教不改；

（四）因感情不和分居满二年；

（五）其他导致夫妻感情破裂的情形。

一方被宣告失踪，另一方提起离婚诉讼的，应当准予离婚。

经人民法院判决不准离婚后，双方又分居满一年，一方再次提起离婚诉讼的，应当准予离婚。

夫妻之间的"忠诚协议"有法律效力吗

樊某和韩某于2018年登记结婚，由于两人长期两地分居，聚少离多，导致两人感情越来越淡薄。2022年3月，韩某发现樊某和单位一同事李某存在婚外情。樊某随后向韩某出具了一份保证书，承诺今后和李某断绝关系，如果再次出轨自愿放弃夫妻名下所有财产，并补偿韩某20万元，韩某最终选择了原谅。但让韩某愤怒的是，一个月后，他发现樊某仍然和李某保持交往。韩某遂向法院提起诉讼，要求判决自己和樊某离婚，按照樊某所作保证书分割夫妻共同财产，要求樊某补偿自己20万元。樊某同意离婚，但拒绝韩某提出的补偿20万元的要求，坚持平均分割夫妻共同所有财产。

【审判结果】

法院经审理认为，被告樊某于婚内出轨事实清楚，且同意离婚，足以认定其与韩某之间的夫妻感情已经完全破裂，故韩某提出与樊某离婚的请求应予支持。原告主张按照樊某在保证书所作承诺分割夫妻共同所有财产，令其"净身出户"，但该保证书性质上属于"夫妻忠诚协议"范畴，只能作为情感道德范畴，并不具备法律效力，不具备强制执行力。樊某的出轨行为严重伤害了韩某的感情，是导致双方感情破裂的直接原因，应当对韩某给予精神损害赔偿。最终，法院判决樊某和韩某离婚，韩某分得双方共有财产的 70%，樊某向韩某支付精神损害赔偿金 3000 元。

·解读分析·

所谓"夫妻忠诚协议"，是指在婚姻关系存续期间为了提醒和防止任何一方出现出轨、婚外情等不忠诚行为而签订的协议。该协议的内容主要是约定有过错一方需要承担的赔偿责任，比如部分或者全部放弃夫妻共同所有财产，放弃子女抚养权，赔偿无过错方精神损失；等等。

夫妻双方必须在平等诚信的基础上签订忠诚协议，自愿履行，但不具备相应的法律效力，没有强制执行力。在司法实践中，对由夫妻忠诚协议引发的各种纠纷，法院通常不受理。

之所以不受理，主要出于三个方面的原因。

第一，夫妻中的一方在举证时，非常容易侵犯到另一方的隐私权，甚至由此产生尖锐冲突，导致刑事犯罪。

第二，如果夫妻之间的约定具备强制执行力的话，那么必然会鼓励双方在婚姻关系存续期间"能约定的尽可能约定"。如此一来，婚姻的成本会大大增加，婚姻也会由此变了味道。

第三，夫妻之间的忠诚协议，本质上是对夫妻关系的道德约束，并不具备法律上的强制性。

夫妻忠诚协议不能代替夫妻就共有财产作出的约定。本案中，樊某在出轨后出具的保证书，属于夫妻忠诚协议范畴，而非双方之间就共有财产作出的约定。韩某主张按照该保证书分割财产，并没有法律依据，未获得法院支持。但是考虑到韩某在婚姻关系中属于无过错方，因此法院在分割财产时对其予以照顾。另外，樊某婚内出轨行为对韩某造成了较大的精神伤害，违背公序良俗，属于《中华人民共和国民法典》规定的关于离婚损害赔偿的"其他重大过错"范畴，因此，法院支持韩某要求樊某赔偿精神损失的请求。

【关键证据】

一方承认出轨、婚外情的音频、视频、微信聊天记录；夫妻就财产分配签订的相关书面协议；一方因另一方出轨、婚外情等导致的疾病诊断证明；等等。

·法条援引·
《中华人民共和国民法典》

第一千零九十一条　有下列情形之一，导致离婚的，无过错方有权请求损害赔偿：

（一）重婚；

（二）与他人同居；

（三）实施家庭暴力；

（四）虐待、遗弃家庭成员；

（五）有其他重大过错。

离婚时，孩子归谁抚养

杜某和孟某于2012年结婚，2022年两人因感情破裂协议离婚。二人对财产分割没有异议，但在孩子抚养权归属问题上存在巨大分歧。杜某认为杜家三代单传，儿子不仅是自己的宝贝疙瘩，而且是爷爷奶奶的心头肉，不可能将儿子的抚养权让给孟某。而孟某则认为自己在事业单位工作，收入稳定，且在生下儿子前两次流产，以后也很难再生育，儿子便是其今后唯一的亲人，因此坚决主张"儿子必须跟着自己"。协商不成，孟某向法院提起诉讼，请求将孩子的抚养权判给自己。

【审判结果】

法院经审理认为，孟某在生育儿子前两次流产，且根据其向法庭提供的诊断证明，其今后不能再生育子女。孟某收入稳定，有足够的能力抚养儿子，且年满八周岁的孩子明确表示其今后要与孟某共同生活。因此，法院认为孩子跟随孟某更有利于孩子今后的健康成长。最终，法院依法判决孩子由孟某直接抚养。

·解读分析·

夫妻离婚时，孩子的抚养权归谁，法院在判决时通常会遵循五大原则。

原则一：子女还在哺乳期内的，通常由母亲直接抚养。在司法实践中，"哺乳期内的子女"通常被认定为"两周岁以下的婴幼儿"。但在一些特殊情况下，哺乳期内的子女也可跟随父亲生活：母亲患有久治不愈的传染病或其他严重疾病的；母亲有抚养条件但不想履行自己的抚养义务，而父亲则要求子女随其生活的；母亲没有经济来源，生活环境较差，不利于孩子健康成长的；母亲因违法犯罪服刑的；等等。当然，假如夫妻二人在平等协商基础上达成协议，不满两周岁的孩子由父亲直接抚养，且对孩子今后健康成长没有任何不利影响的，法院通常也会支持。

原则二：已满两周岁但不满八周岁的子女，人民法院会按照"有利于未成年子女健康成长"的原则决定其抚养权归属。夫妻双方都要求直接抚养孩子，法院在判决孩子抚养权归属时，会重点考虑四种情形：已经做绝育手术或因其他原因丧失生育能力的，此时法院会倾向将孩子的抚养权判给已做绝育或丧失生育能力的一方；婚姻关系维系期间，儿子或女儿与一方生活在一起或共同生活时间较长，如果改变生活环境的话，可能会对孩子健康成长产生不利影响的，法院会倾向一方直接抚养孩子；一方没有其他子女，但另一方有其他子女的，没有其他子女的一方更容易获得孩子抚养权；一方患有久治不愈的传染病或其他严重疾病，或者存在其他不利于孩子健康成长的情形，孩子的抚养权通常会判给另一方。

原则三：子女已经满八周岁，在父母争夺抚养权的情况下，应当尊重孩子的真实意愿。需要注意的是，孩子选择"跟谁"，并非完全由孩子自己决定，其前提有两个：首先，父母双方都希望孩子跟着自己直接生活；其次，父母双方都具有抚养孩子的条件。这个时候法院才会听取孩子的意见，孩子更愿意跟谁共同生活，法院在判决时便会倾向谁。

原则四：父母都具有抚养孩子的条件，都要求直接抚养子女，但子女单独随祖父母或者外祖父母共同生活多年，且祖父母或者外祖父母有意愿、有能力帮助子女照顾孙子女或外孙子女的，法院在判决孩子抚养权时，会倾向让孩子与符合此条件的父亲或母亲共同生活。

原则五：如果夫妻二人都要求直接抚养孩子，且二人育有两名子女，法院通常会判决夫妻各自抚养一名子女。前提是，夫妻双方都有抚养孩子的条件。

本案中，杜某和孟某都要求获得儿子的抚养权，但孟某因为之前两次流产丧失了生育能力，其在事业单位工作，有稳定收入和固定住所，且年满八周岁的儿子明确表示今后和孟某共同生活。因此，法院最终将孩子的抚养权判给了母亲孟某。

【关键证据】

工资收入证明；不动产权证书；已做绝育手术或不能生育的诊断书；孩子与自己或祖父母（外祖父母）长期居住的音频、视频资料或证人证言；孩子愿意跟随自己共同生活的音频、视频、书面确认书等资料；等等。

·法条援引·

《最高人民法院关于适用〈中华人民共和国民法典〉婚姻家庭编的解释（一）》

第四十六条　对已满两周岁的未成年子女，父母均要求直接抚养，一方有下列情形之一的，可予优先考虑：

（一）已做绝育手术或者因其他原因丧失生育能力；

（二）子女随其生活时间较长，改变生活环境对子女健康成长明显不利；

（三）无其他子女，而另一方有其他子女；

（四）子女随其生活，对子女成长有利，而另一方患有久治不愈的传染性疾病或者其他严重疾病，或者有其他不利于子女身心健康的情形，不宜与子女共同生活。

夫妻离婚后，一方可以为孩子改名吗

郑某和王某原为夫妻关系，婚后育有一女，取名郑小雨。2014年6月，郑某与王某感情破裂，双方协议离婚，约定3岁的女儿由王某抚养。2015年3月，王某持署名为"王某、郑某"（均为王某书写）的申请书以"孩子父母离婚"为由，向辖区派出所申请将郑小雨姓名改为王雨。2017年9月至2023年4月，郑小雨就读小学期间一直使用"王雨"这一姓名，并以该姓名先后多次参加校内外比赛且获得多个奖项。2023年5月，一直在国外工作的郑某回国后发现女儿在校姓名变更为"王雨"后大为震惊，要求王某将女儿的名字改回"郑小雨"，双方协商无果后，郑某将王某告上法院，请求法院判令被告王某配合自己将女儿名字变更为郑小雨。

【审判结果】

法院经审理认为，依据《中华人民共和国民法典》的相关规定，公民享有姓名权，原告和被告的女儿在2017年9月到2023年4月将近6年的学习和生活期间都使用"王雨"这一名字，虽然被告王某擅自将女儿姓名予以变更的行为不值得提倡，但原告和被告女儿"王雨"这一名字已经为老师、同学和亲友所熟知，且原告和被告女儿已经年满12周岁，为限制民事行为能力人，已经能够理解名字的文字含义以及社会意义，其更认可"王雨"这一姓名。因此，从有利于未成年人健康成长的角度考虑，原告提出的要求被告王某配合变更女儿姓名的请求不予支持。最终，法院判决驳回原告郑某的诉讼请求。

·解读分析·

根据《中华人民共和国民法典》的相关规定，自然人应当随父姓或者母姓。可见，孩子姓什么、名什么，出生之后是由父母在协商一致基础上决定的。当孩子年满十八周岁成为完全民事行为能力人后，可以自主决定是否更改姓名。

根据相关法律规定，夫妻离婚后，一方想要更改婚生子女的姓名，必须双方达成一致，全部到场，并提供双方的身份证、户口簿、离婚证、婚生子女出生医学证明以及申请报告。可以说，随着我国法律制度的逐渐完善，离婚后一方想要在另一方不知情的情况下变更婚生子女的姓名难度越来越大。假如通过隐瞒离婚事实、伪造对方签名达到变更子女姓名的目的，另一方发现后，可以申请公安机关恢复婚生子女原有的姓名。

但需要注意的是，假如婚生子女的姓名已经变更了很长时间，已经为亲友、老师、同学等所熟知，已经和一些社会成就"绑定"，获得了一定的知名度，法院听取孩子意见和秉持有利于孩子健康成长的原则，即使另一方不知情、不同意，也可能不予恢复原有姓名。

【关键证据】

能够证明双方就婚生子女变更姓名未能达成一致的电话录音、视频或者微信聊天记录等；对方向派出所提交同意变更姓名确认书签名鉴定报告；限制民事行为能力的婚生子女更喜欢某一名字的确认录音、录像；等等。

·法条援引·

《公安部关于父母离婚后子女姓名变更有关问题的批复》（公治〔2002〕74号）

根据最高人民法院《关于变更子女姓氏问题的复函》（[81]法民字第11号）的有关精神，对于离婚双方未经协商或协商未达成一致意见而其中一方要求变更子女姓名的，公安机关可以拒绝受理；对一方因向公安机关隐瞒离婚事实，而取得子女姓名变更的，若另一方要求恢复子女原姓名且离婚双方协商不成，公安机关应予恢复。

离婚时，
全职妈妈该如何争取属于自己的权益

2016年5月，钱某和赵某登记结婚。2018年，二人的第一个女儿出生；2020年，二人的第二个女儿出生。为了更好地照顾两个孩子，赵某提议钱某辞去工作，认为自己一个月3万元的收入完全能养活她们母女三人。考虑到双方父母都年迈多病，孩子也小，钱某最终接受了赵某的提议，辞掉了正处于上升期的工作，专心在家做起了全职妈妈。之后赵某事业进入上升期，工作越来越忙，回家时间越来越晚，回家之后往往也是倒头就睡，时间久了，夫妻之间的情感变得越来越淡。钱某因为长时间在家照顾年幼的孩子，缺乏社交，逐渐脱离外界社会，导致情绪越来越急躁，经常因为一些琐事和赵某发生争吵。赵某则认为钱某终日在家，眼界越来越狭隘，和自己的共同话题也越来越少，所以总是躲着钱某，很晚才回家。

2023 年，钱某不愿意继续生活在这种家庭氛围中，遂向法院提起诉讼，请求判决自己和赵某离婚，分割夫妻共同财产，并要求赵某给予自己 10 万元"家务补偿"。

【审判结果】

法院经审理认为，钱某和赵某感情破裂，且双方均同意离婚，依法准许二人离婚。在二人婚姻关系存续期间，丈夫赵某忙于事业，照顾年幼的孩子以及处理家庭琐事的重担全部落在了钱某肩上，相对赵某而言，钱某承担了更多的家庭责任和义务。最终，法院判决钱某和赵某离婚，夫妻共同财产均分，赵某向钱某支付家务劳动补偿 10 万元。

·解读分析·

根据《中华人民共和国民法典》相关规定，全职妈妈在离婚时有权利要求分割夫妻共同财产，同时要求另一方给予自己"家务补偿"。但是需要注意的是，全职妈妈想要对方给予自己"家务补偿"，需要满足三个条件：

第一，必须是离婚时。只有在离婚时，全职妈妈才能要求另一方给予"家务补偿"，婚姻关系存续期间或者离婚后提出，法院通常不会受理。

第二，必须当事人提出。在离婚时，如果当事人不主动提出要求另一方给予自己家务补偿的话，法院不会主动适用。

第三，必须承担较多的家庭义务。一方要求另一方补偿自己，是以承担较多的家庭义务为前提的，即不管离婚是因为谁的过错，只要一方在婚姻关系存续期间承担了较多的家庭义务，诸如独自抚育孩子、赡养老人、协助另一方更好工作等，都可以要求补偿。

那么，付出较多家庭义务的一方在离婚时能够获得的补偿数额，法院如何确定呢？通常，法院在确定补偿数额时，会考虑三个方面的因素。

1.从事家务劳动时间的长短。通常情况下，婚姻关系存续时间越长，从事家务劳动的时间越久，那么在离婚时，承担较多家庭义务的一方获得补偿的数额越高。

2.在家务劳动上投入心力多寡。一方在家务劳动上投入的心力越多，离婚时能够获得的补偿相对就越多。比如，相对于洗衣服、做饭这些家务，在照顾年幼的孩子或者赡养多病的老人上，付出的心力更多的一方，在离婚时要求另一方给予较大数额家务补偿，法院通常会支持。

3.家务劳动对家庭贡献大小。通常而言，一方在抚育子女、赡养老人等家务劳动上投入的时间、心力越多，便越有利于家庭生活的和谐稳定，有利于双方事业上的发展，有利于家庭财富的积累。可见，承担较多家务劳动的一方对维护家庭和谐和增加家庭财富有积极贡献，因此在离婚时要求另一方给予较高家务补偿时，法院通常会支持。

从本质上看，家务劳动补偿制度的设立，是对家庭义务承担较多一方在离婚时的救济，并非通常意义上的家务劳动报酬，而是为了弥补因抚育子女、赡养老人等繁重家务劳动而丧失的职业发展机遇。

需要明确的一点是，离婚时一方给予另一方的家务劳动补偿不能从夫妻共同财产中扣除，而是在夫妻共同所有财产分割完成后，从应当支付补偿款一方的个人财产中扣除，这样才能体现出补偿的价值。

本案中，钱某辞职后将全部的时间和精力都用于了照顾年幼的孩子上，为家庭财富的积累作出了较大贡献。因此，离婚时，钱某提出的由赵某补偿自己 10 万元的请求获得了法院支持。

【关键证据】

夫妻一方在家全职照顾子女等家务劳动的音频、视频资料；被照顾子女或知情者的证言证词；等等。

·法条援引·
《中华人民共和国民法典》

第一千零八十八条　夫妻一方因抚育子女、照料老年人、协助另一方工作等负担较多义务的，离婚时有权向另一方请求补偿，另一方应当给予补偿。具体办法由双方协议；协议不成的，由人民法院判决。

对家庭付出较多义务的一方，
离婚时可以请求补偿吗

2020 年 10 月，孔某与曹某登记结婚。2021 年 3 月，孔某 70 岁的婆婆因脑梗卧床不起，由于无人照顾，孔某便辞掉了办公室文员工作，专门在家照料婆婆的起居，付出了非常大的精力。2023 年 10 月，孔某和曹某感情破裂，双方都同意离婚，对财产分割也没有任何异议，但孔某认为自己为了照顾生病的婆婆，辞掉了工作，为家庭付出更多，曹某应当补偿自己 5 万元。曹某则认为儿媳妇照顾生病的婆婆是应该的，并不同意孔某的补偿要求。孔某遂向法院提起诉讼，请求法院判决其与曹某离婚，曹某补偿自己 5 万元。

【审判结果】

法院经审理认为，原告孔某与被告曹某都同意离婚，夫妻感情已经破裂，应当准予离婚。原、被告对财产分割无异议，原告专门辞职在家照顾患病婆婆，其间付出了巨大的精力，承担了较多的家庭义务，因此，法院对其要求被告补偿的请求予以支持。最终，法院综合双方婚姻关系存续时间、原告照顾婆婆投入的时间和精力成本等因素，判决被告曹某向孔某支付经济补偿4万元。

·解读分析·

家务劳动看似不会产生任何价值，但做好家务劳动却关乎家庭生活的和谐稳定，关乎家庭成员在社会生产中的积极性。因此，家务劳动的价值受到法律的保护。

从法律层面上看，家务劳动补偿是一种独立的诉讼请求权，本质上是法律给予对家庭承担更多劳动义务者的一种权利救济——为了抚育子女、照顾老人、协助另一半获得更好的事业前景而放弃了自我发展机会的人，理应得到弥补的机会。

因此，当婚姻走到尽头时，法律便赋予了为家庭承担更多义务的人一项请求权，即请求另一方给予自己经济补偿的权利。

本案中，孔某专门辞职在家照顾患病的婆婆，付出了巨大精力，承担了较多的家庭义务，所以法律最终支持了孔某要求曹某补偿的诉讼请求。

【关键证据】

常年在家照顾子女、老人及协助另一方工作的视频证据；证人证言；等等。

·法条援引·
《中华人民共和国民法典》

第一千零八十八条　夫妻一方因抚育子女、照料老年人、协助另一方工作等负担较多义务的，离婚时有权向另一方请求补偿，另一方应当给予补偿。具体办法由双方协议；协议不成的，由人民法院判决。

遭受另一半家庭暴力，如何维权

2022年6月，刘某和杜某经人介绍相识，后两人确定恋爱关系，并于2023年5月登记结婚。婚后不久，刘某发现杜某有暴力倾向，经常对她实施家庭暴力。杜某不仅在精神上恐吓刘某，还采用殴打甚至捆绑的形式限制刘某的人身自由。为此，刘某多次报警，每次杜某都声泪俱下地承认错误，并承诺"再也不犯"，但隔一段时间就会原形毕露，再次家暴刘某。最终，对婚姻彻底失望的刘某向人民法院提起诉讼，请求法院判令其与杜某离婚，杜某赔偿其精神损害抚慰金2万元。

【审判结果】

法院经审理认为，原告刘某提供的监控视频、医院治疗病历、住院相关票据，公安机关的出警记录、笔录、报警回执、行政处罚书、伤情鉴定意见书，足以证明被告杜某对原告实施了数次家庭暴力，且情节特别严重，可以认定双方感情破裂。最终，法院判决准予刘某与杜某离婚；杜某于判决生效后十日内赔偿刘某各项损失2万元。

·解读分析·

家庭暴力，是指家庭成员中的一方以殴打、捆绑、残害、强行限制人身自由或者其他手段，给其他家庭成员的身体、精神等方面造成一定伤害后果的行为。持续性、经常性的家暴会构成虐待。

司法实践中，主要通过两个要件确定家暴行为。

要件一：行为人的行为要有伤害性。家庭成员中的一方对其他成员实施的行为必须有一定的伤害性，如残害、捆绑、殴打、限制人身自由以及经常性的谩骂、恐吓等，对其他家庭成员的人身、精神造成了侵害。

要件二：受害人所受到的伤害必须由家暴行为导致。假如受害人身体或精神上的损害由其他原因导致，家暴行为便不会成立。

因家暴导致感情破裂、一方提出离婚的，法院会准予离婚。如果有子女的，离婚时，法院通常会认定施暴一方不适宜抚养子女。分割财产时，法院会照顾无过错一方，施暴一方会少分财产。受到家庭暴力的一方提出离婚时，还可以请求施暴方进行损害赔偿。当然，假如受到家庭暴力的一方伤势比较严重，施暴一方可能面临行政处罚甚至刑事处罚。

【关键证据】

报警、接警、出警记录；伤情鉴定资料、医院病历、伤情照片；录音、录像等视听资料；证人证言；施暴者书写的保证书、短信、微信聊天记录；妇联、社区等组织出具的相关材料；等等。

·法条援引·
《中华人民共和国民法典》

第一千零九十一条 有下列情形之一，导致离婚的，无过错方有权请求损害赔偿：

（一）重婚；

（二）与他人同居；

（三）实施家庭暴力；

（四）虐待、遗弃家庭成员；

（五）有其他重大过错。

患病后丈夫拒绝出钱，
妻子可以要求丈夫支付扶养费吗

张某和刘某结婚五年，在结婚时，双方约定各自的工资或收入归各自所有。2022年4月，刘某在单位组织的体检中查出乳腺癌，需要住院进行手术，提出让张某支付一部分手术费。但张某却认为癌症无药可治，治疗纯粹是在烧钱，拒绝动用自己的存款为刘某治病。刘某遂将张某诉至法院，要求张某为自己支付一定的医疗费用。

【审判结果】

法院经审理认为，依据《中华人民共和国民法典》的相关规定，夫妻有相互扶养的义务，一方需要扶养，但另一方不履行扶养义务时，需要扶养的一方可以要求另一方给付扶养费的权利。原告刘某和被告张某虽然约定了夫妻在婚姻关系存续期间所得的财产的归属，如约定了各自的工资或收入归各自所有，但这并不意味着，夫或妻只负担各自的生活费用而不承担扶养对方的义务，如当一方患有重病时，另一方仍有义务尽力照顾，并提供有关治疗费用，因此，法院支持了刘某的诉讼请求。

·解读分析·

《中华人民共和国民法典》第一千零五十九条规定：夫妻有相互扶养的义务。需要扶养的一方，在另一方不履行扶养义务时，有要求其给付扶养费的权利。

夫妻之间的扶养，是指夫妻双方互相扶助、互相供养，具体表现在三大方面：物质上相互供养，生活上相互扶助，精神上相互慰藉。其中生活上相互扶助最为重要，当夫妻一方因没有固定收入、无独立生活能力、患病、年老等原因需要另一方扶养时，假如另一方有扶养能力却不履行相应的扶养义务，那么需要扶养的一方有权要求对方尽到扶养义务，否则需要承担相应的民事责任。情节严重的，还可能构成虐待罪、遗弃罪，承担刑事责任。

简单地说，夫妻之间要相互扶助，患难与共，而不是大难来了各自飞，这不仅是道德上的义务，还有法律上的约束。

本案中，刘某患有乳腺癌，属于重大疾病，而张某不愿意出钱让刘某做手术治病，张某的行为明显违背了夫妻之间的扶养义务，因此，法院支持了刘某的诉讼请求。

【关键证据】

医院出具的病情诊断书；丈夫（妻子）不愿为患病的妻子（丈夫）支付医疗费的录音、视频、微信聊天记录或相关证人证言；夫妻共同财产清单；等等。

·法条援引·
《中华人民共和国民法典》

第一千零五十九条　夫妻有相互扶养的义务。需要扶养的一方，在另一方不履行扶养义务时，有要求其给付扶养费的权利。

女方擅自堕胎，侵犯男方生育权吗

崔某和牛某结婚五年，一直没要孩子。崔某父母抱孙心切，一直催促崔某和牛某尽快生孩子。崔某听从了父母建议，认为夫妻二人正处于生育的黄金年龄，便和牛某商量要个孩子。但牛某却不同意，认为自己正处于事业上升期，要是生孩子的话，以后便再难有晋升机会了。但崔某并不甘心，悄悄在避孕工具上搞了小动作，两个月后，牛某发现自己意外怀孕。此时的牛某正面临晋升考核，为了在事业上能够更上层楼，牛某瞒着崔某去医院做了流产手术。一个月后，崔某意外得知真相，认为牛某在没有告知并征得自己同意的情况下私自打胎，严重侵犯了自己的生育权，遂将牛某诉至法院，请求判决二人离婚。

【审判结果】

法院经审理认为，依据《中华人民共和国民法典》的相关规定，女方在怀孕期间、分娩后一年内或者终止妊娠后六个月内，男方不得提出离婚。本案中，牛某终止妊娠仅仅一个月，且其并没有提出离婚。另外，崔某不能提供充分证据证明法院确有必要受理其离婚请求。最终，法院驳回了崔某提出的离婚诉讼请求。

·解读分析·

想要弄清女方擅自堕胎是否侵犯男方生育权，首先要搞清楚男方有没有生育权。根据我国相关法律法规，男方和女方享有同样的生育权利。需要注意的是，这个生育权既包括生育的权利，也包括不生育的权利。

但男方的生育权的实现必须由女方配合，因为男女双方在生理结构上存在明显差异，只有女性才可孕育胎儿。女性怀孕期间，除了身体上会产生种种不适外，精神上也会承受焦虑、暴躁等情绪带来的痛苦。因此，在制定相关法律时，对女性的生育权进行了保护，即女性可以自主决定生不生孩子、是否终止妊娠。

可见，虽然男方有生育权，但女方有权自主决定是否生育，也有权利决定在怀孕期间终止妊娠不生育。假如男方因为女方终止妊娠要求赔偿，法院不会支持。假如男方因为女方终止妊娠请求法院判决离婚，通常情况下，法院也不会支持，除非男方能够提供充足证据证明夫妻双方因为女方终止妊娠导致感情破裂，再没有复合的可能。

牛某在没有告诉崔某的情况下私自打胎，并没有侵犯崔某的生育权，因此在法律上没有任何过错。崔某以此为由向法院提起诉讼，请求法院判决两人离婚，法院自然不会支持。崔某想要和牛某离婚，必须向法院提供证据证明其和牛某之间感情破裂，而非仅仅因为牛某"私自堕胎"。

夫妻感情的和睦和家庭的稳定幸福，是建立在夫妻双方充分沟通和相互尊重基础上的，牛某可以在打胎之前与崔某及其父母沟通，避免因此导致家庭矛盾。

【关键证据】

男方可以保留夫妻双方有关女方私自堕胎行为的电话、微信等沟通记录；因为女方私自终止妊娠行为致使夫妻双方产生的争吵甚至打架等行为的视频资料；相关见证人员的证言证词；等等。

·法条援引·

《最高人民法院关于适用〈中华人民共和国民法典〉婚姻家庭编的解释（一）》

第二十三条 夫以妻擅自中止妊娠侵犯其生育权为由请求损害赔偿的，人民法院不予支持；夫妻双方因是否生育发生纠纷，致使感情确已破裂，一方请求离婚的，人民法院经调解无效，应依照民法典第一千零七十九条第三款第五项的规定处理。

前男友长期电话骚扰，
可以起诉并要求其赔偿吗

乔某和方某经人介绍确定了恋爱关系，最初两人感情非常好。但时间一长，两人发现彼此在学历、成长环境和性格上存在较大差异，经常因为一些小事吵架。2021年3月，方某对这段感情彻底失望，向乔某提出分手，乔某表示同意。但一个月后，乔某打电话给方某，表示自己后悔分手了，要求和方某复合。方某拒绝了乔某的请求。乔某并不死心，在此后长达两年多的时间里，通过电话、短信、微信、QQ等方式不断向方某表达复合意愿，在方某明确表达"绝无可能"后，乔某声称自己保留有两人恋爱期间拍摄的方某的私密照片和视频，并威胁方某如果不与自己复合的话，就将这些照片和视频发给其亲友。在乔某持续骚扰下，方某在精神上承受了越来越大的压力，经常整夜失眠，每天都提心吊胆，精神越来越恍惚，最终不得不辞掉工作终日躲在家中。2023年5月，忍无可忍的方某向法院提起诉讼，请求法院判决乔某停止侵犯自己的隐私，赔礼道歉，并赔偿1万元精神损害抚慰金。

【审判结果】

法院经审理认为，被告乔某在2021年4月到2023年5月期间，通过电话、短信、微信、QQ等方式持续骚扰和威胁原告方某，并扬言原告方某如果不与其复合的话，便将其拍摄的方某的私密照片和视频发送给其亲友。被告乔某的种种行为扰乱了方某的正常生活和工作，侵犯了方某私人生活的安宁，对方某构成了严重精神损害。最终，法院依法判决乔某停止骚扰，删除方某的私密照片和视频，向方某赔礼道歉，赔偿方某精神损害抚慰金1万元。

·解读分析·

恋人分手时，想要做到好聚好散很难，心有不甘的一方很可能会频繁通过电话、短信、微信、QQ、电子邮件等方式骚扰前任。这种行为一旦影响到对方的正常生活，便构成侵犯隐私行为，导致对方精神严重损害的，还需要承担相应的赔偿责任。

隐私权属于人格权的一种，每个自然人都享有隐私权，不容他人侵犯。侵犯他人隐私权时，侵权人可能面临三种责任后果。

1.停止侵害。加害人持续通过电话、短信、微信等方式骚扰受害人，宣扬传播受害人的隐私资料，侵入受害人的私生活领域，等等，受害人可以请求法院责令加害人停止侵害，避免出现更加严重的侵害结果。

2.赔礼道歉。加害人就其侵犯隐私权的行为向受害人赔礼道歉，以取得受害人的谅解。

3.赔偿损失。当侵犯隐私行为对受害人造成严重精神损害或者由此产生其他损害时，受害人有权要求加害人进行赔偿。

需要注意的是，在司法实践中，受害人因为隐私权被侵害要求加害人赔偿精神损害的，法院认定该侵权行为对受害人造成严重精神损害的才会支持。那么，什么情况下的损害会被法院认定为"严重精神损害"呢？

第一，导致受害人自伤、自杀的。当加害人实施的侵犯隐私权行为导致受害人精神受到严重刺激，产生较为严重的自伤或者自杀行为时，法院会判决加害人以残疾赔偿金或者死亡赔偿金的方式进行赔偿。

第二，导致受害人精神失常。加害人实施的侵犯隐私权行为导致受害人严重自闭、严重抑郁，甚至疯傻等精神失常的，法院通常会将之认定为严重精神损害，支持加害人向受害人进行精神损害赔偿。

第三，对受害人正常生活和工作造成严重影响的。当个人精神受到较为严重的刺激，并因焦虑、恐惧等情绪而无法正常生活和工作时，法院通常会认定受害人受到了严重精神损害，支持其向加害人提出精神损害赔偿的请求。

第四，加害人的侵权行为导致受害人社会评价严重降低。每个人都离不开社会，假如加害人的侵犯隐私权行为导致受害人的社会评价严重降低，使其无法正常生活或工作，那么法院通常会认定受害人受到了严重精神损害。

本案中，乔某在两年多的时间内持续通过电话、短信、微信等方式骚扰方某，还通过表示会向亲友公开方某私密照片、视频等威胁意图迫使方某与自己复合，严重侵犯了方某的隐私权，导致方某无法正常生活和工作。因此，法院支持方某要求乔某赔偿精神损害的请求。

【关键证据】

前男友的骚扰电话录音、骚扰短信内容、微信聊天记录；因被骚扰而导致的精神疾病诊断书、辞职信或被辞退通知书；自伤、自杀后警方的出警记录；等等。

·法条援引·
《中华人民共和国民法典》

第一千零三十三条　除法律另有规定或者权利人明确同意外，任何组织或者个人不得实施下列行为：

（一）以电话、短信、即时通讯工具、电子邮件、传单等方式侵扰他人的私人生活安宁；

（二）进入、拍摄、窥视他人的住宅、宾馆房间等私密空间；

（三）拍摄、窥视、窃听、公开他人的私密活动；

（四）拍摄、窥视他人身体的私密部位；

（五）处理他人的私密信息；

（六）以其他方式侵害他人的隐私权。

第二章
抚养、赡养、继承

父母偏心，子女还需要尽心赡养父母吗

刘某育有三名子女，长子王乾（已故），次子王坤，女儿王洁。2022年，刘某年满79岁，身患高血压、心脏病等疾病，需要长期治疗，且身边常年需要人员护理。但除了次子王坤对其尽到了赡养义务外，女儿却对其不闻不问，更不愿意为其住院和聘请护工花费一分钱。刘某、王坤与王洁就赡养问题多次沟通未果后，刘某向人民法院提起诉讼，请求判决王洁承担赡养义务，支付刘某疾病治疗费、护理费、生活费等费用。王洁则认为母亲刘某有稳定的退休金收入，且将其两套房产全部赠与了次子王坤，财产分配极度不公，因此，母亲刘某的疾病治疗费、护理费、生活费等费用应当由继承其全部财产的王坤承担，自己分文未得，对其没有赡养义务。

【审判结果】

法院经审理认为，子女对父母有赡养的义务。父母在处置财产时有自由处置权，财产分配不公平不能成为子女不履行赡养义务的理由，除了法律规定的一些特别情况外，子女均不得拒绝赡养父母。最终，法院依法判决王洁向刘某支付疾病治疗费、护理费、生活费等费用共计10万元整。

·解读分析·

成年子女应当对父母尽到赡养义务。具体而言，赡养义务主要体现在六个方面：

1.医疗和护理义务。子女要使患病的父母及时得到治疗和护理，如果父母在经济上比较困难的话，子女应当提供全部或者部分医疗费用。

2.照料义务。如果父母生活不能自理，子女应当承担照料责任，假如子女因为工作或其他原因不能亲自照料，可以按照父母的意愿委托他人或者养老机构等照料。

3.保障居住义务。子女必须保障父母有一个良好的居住环境，不能强迫父母居住或者迁居环境恶劣的房屋。父母自有或者承租的住房，子女不得强行占有，也不能私自改变房屋的产权关系或者租赁关系。另外，对于父母的自有住房，子女需要承担维修义务。

4.保障老年人自有收益义务。成年子女应帮助老年父母取得收益，避免被诈骗或因投资不当蒙受较大损失。比如，耕种或委托他人耕种父母承包的田地；等等。

5.不得干涉老年人婚姻自由义务。老年人享有婚姻自由权利，子女不能干涉父母离婚、再婚以及婚后生活。也就是说，子女对父母承担的赡养义务，不会因父母婚姻关系的改变而消除。

6.禁止性义务。子女禁止对老年人实施家庭暴力等。

当子女不承担自己的赡养义务时，父母有权向人民法院提起诉讼，请求人民法院判决其成年子女承担相应的赡养义务。

1.成年子女不能以"父母偏心，财产分配不公"为由拒绝履行对父母的赡养义务。父母对自有财产拥有自由支配的权利，子女不能左右，子女需要承担的赡养义务是法律规定的，而不是以父母财产分配为前提的。

2. 成年子女不得以"父母离婚、再婚"为由拒绝赡养父母。父母享有婚姻自由权利，离婚也好，再婚也罢，都是他们自己的生活，成年子女不能以此为由终止对父母的赡养。

3. 成年子女不得以"父母未尽到对自己的抚养义务"为由拒绝赡养父母。婚姻家庭生活受伦理道德约束，因此，成年子女对父母的赡养并非以父母履行抚养子女义务为前提。也就是说，父母因为经济能力或者其他客观原因（比如因为犯罪收监坐牢）没有承担养育子女的责任，当父母向子女提出赡养要求时，成年子女也需履行相应的赡养义务。

4. 成年子女不得以"放弃继承权"为由拒绝履行赡养义务。成年子女对父母的赡养义务是法定的，并不以子女是否放弃财产继承权为前提。

是不是在所有情形下，子女都必须赡养父母呢？答案是否定的，在司法实践中，一些特定情况下，子女可以免除或者暂时停止履行对父母的赡养义务。

1. 未婚或者已经离婚的成年子女，丧失劳动能力或者不能独立生活的，没有任何经济收入，可以免除或暂时停止赡养父母的义务。

2. 已经结婚的成年子女本身没有任何经济收入，其家庭收入也不能维持当地基本生活水平。在这种情况下，成年子女可以免除或暂时停止对父母的赡养义务。

3. 父母对子女有严重犯罪行为的，成年子女可以免除赡养义务。比如，父母有严重虐待子女、遗弃子女、杀害子女等犯罪行为。

本案中，王洁以"父母偏心，财产分配不公"为由拒绝履行对母亲的赡养义务是违法的，因此，法院支持了原告刘某提出的诉讼请求，判决王洁向刘某支付疾病治疗费、护理费、生活费等费用共计 10 万元整。

【关键证据】

病情诊断书；住院期间的各项缴费单据；聘请护工的支出明细；相关证人证言；正常生活开支明细；相关部门出具的低于当地最低生活水平证明；等等。

·法条援引·
《中华人民共和国民法典》

第一千零六十七条 父母不履行抚养义务的，未成年子女或者不能独立生活的成年子女，有要求父母给付抚养费的权利。

成年子女不履行赡养义务的，缺乏劳动能力或者生活困难的父母，有要求成年子女给付赡养费的权利。

可以要求再婚老伴的子女赡养自己吗

张春、张夏、张秋兄妹三人年幼时丧母，张春18岁时（张夏16岁，张秋14岁），父亲张庭和赵纯登记结婚，组建了新家庭。赵纯也是二婚，和张庭结婚前育有一儿一女。赵纯和张庭虽然于1983年登记结婚，但并没有立即搬到张庭家中居住，直到1985年7月，赵纯才正式搬到张家，和张庭共同生活。此时，张春已经应征入伍，张夏也已成年，到另一个城市创业，张秋虽然未曾离家，但已接近成年，其间一直靠父亲的工作收入在大学寄宿生活，和父亲张庭以及继母赵纯共同生活时间很少。2023 年 2 月，张庭因病去世，赵纯的两个子女和张春、张夏、张秋兄妹商量赵纯的赡养问题，张春兄妹三人认为对赵纯没有赡养义务，应当由其亲生子女履行该义务。双方因此产生激烈争吵。最终，赵纯将张春兄妹三人诉至法院，请求法院判决张春兄妹三人履行对自己的赡养义务。

【审判结果】

法院经审理认为，赵纯和张庭结婚后，便与张庭的三个子女张春、张夏、张秋形成了继母和继子女关系。赵纯正式搬进张家和张庭一起生活时，张春和张夏都已经成年，独立生活，张秋虽然未成年，但已经接近成年，且长期在学校寄宿生活，其间经济来源为父亲张庭的工作收入，与赵纯之间并未形成抚养教育关系。因此，法院认定赵纯未对张春、张夏、张秋抚养教育，彼此间不存在父母子女间的权利义务关系。最终，法院依法判决张春、张夏、张秋对赵纯不承担赡养义务。

·解读分析·

当父母一方再婚时，子女和父母再婚对象之间便会形成继父母和继子女关系。在这种关系中，继子女对继父母是否有赡养义务，判断依据不是继父母和继子女关系的建立，而是继子女是否受到了继父母的"抚养教育"。

在司法实践中，通常会通过三个要素对继子女是否受到继父母的抚养教育进行认定。

1.继子女不能独立生活。继父母和继子女关系成立时，继子女还未成年，或者继子女虽然已经成年但不能独立生活，需要继父母关心、教育和供养。

2.继子女受到了继父母的实际抚养教育。继子女受到继父母的抚养教育表现在多个方面，如继子女和继父母一起生活；继父母对不能独立的继子女给予生活上的照顾、学业上的辅导、经济上的供养；等等。

3.抚养教育需要持续一定时间。短暂的抚养教育，比如继子女和继父母共同生活时间只有几天或者几周，法院是不会认定继父母对继子女有抚养教育行为的。只有继父母长期抚养继子女，诸如几年、十几年甚至几十年，法院才会认定继父母抚养教育了继子女。

本案中，赵纯和张庭再婚并实际共同生活时，张春、张夏都已经成年并独立生活，张秋已经接近成年且长期在学校寄宿生活，其生活费来源于父亲张庭的工作收入，接受赵纯抚养教育的时间非常短，也未接受过赵纯的经济供养。因此，法院认定赵纯并没有抚养教育过张春、张夏和张秋兄妹，最终判决张春、张夏、张秋不承担赡养赵纯的义务。

【关键证据】

继父母承认未曾在生活、教育和经济上抚养教育子女的音频、视频资料或微信聊天记录；继子女未曾和继父母共同生活的证人证言；等等。

·法条援引·
《中华人民共和国民法典》

第一千零七十二条　继父母与继子女间，不得虐待或者歧视。

继父或者继母和受其抚养教育的继子女间的权利义务关系，适用本法关于父母子女关系的规定。

儿子去世，老人能要求儿媳赡养自己吗

　　贾某共育有三子，分别为大儿子付春山、二儿子付春水、三儿子付春生。1992 年，段嘉园与付春山结婚，1996 年分家时，贾某将自己购买的一套 65 平方米楼房分给了付春山夫妇，2005 年付春山因病去世后，该房屋一直由儿媳段嘉园居住。自从儿女成婚后，贾某一直自己居住，随着年龄越来越大，疾病越来越多，贾某要求大儿媳段嘉园、二儿子付春水、三儿子付春生每人每月给付 2000 元赡养费。但大儿媳认为自己没有赡养义务，拒绝每月给予贾某 2000 元，二儿子和三儿子也不愿意出钱。2023 年 10 月，贾某将大儿媳段嘉园、二儿子付春水、三儿子付春生诉至法院，请求法院判决三人每人每月给付自己 2000 元赡养费。

【审判结果】

　　法院经审理认为，赡养老人是子女的法定义务，原告贾某已步入老年，不仅体弱多病，且退休金较低，无法维持正常生活水平，需要子女赡养。被告段嘉园为贾某儿媳，在法律上并没有赡养贾某的义务，故原告贾某的基本生活费用应当由其二子付春水、三子付春生承担。因此，对原告贾某要求被告付春水、付春生每人每月支付 2000 元的诉讼请求予以支持。最终法院判决被告付春水、付春生自 2023 年 10 月起，每人每月给付原告贾某赡养费人民币 2000 元，驳回原告贾某的其他诉讼请求。

· 解读分析 ·

当配偶一方死亡，婚姻关系也就不复存在了。而且，儿媳或者女婿并非赡养父母的法定义务人，他们仅仅具有协助赡养义务。《中华人民共和国民法典》虽然明确规定了成年子女是赡养父母的法定义务人，但对儿媳、女婿的赡养义务并未作出明确规定。《中华人民共和国老年人权益保障法》第十四条规定，赡养人是指老年人的子女以及其他依法负有赡养义务的人。赡养人的配偶应当协助赡养人履行赡养义务。配偶协助赡养人履行赡养义务，可以从两方面进行理解：第一，不能阻碍赡养人履行对父母的赡养义务；第二，要积极帮助赡养人履行赡养父母的义务。

但这种协助赡养父母的义务是建立在老人的儿子或女儿在世的前提下的，因为当老人的儿子或女儿去世后，儿媳或女婿的协助赡养义务也会随着婚姻关系的自然消失而终止。

需要注意的是，虽然儿媳或女婿赡养老人没有法律依据，但从道德、亲情等角度却可主动赡养。当丧偶的儿媳或者女婿主动赡养公婆或者岳父母，尽到了主要的赡养义务时，儿媳或女婿便可以作为第一顺位继承人，继承公婆或岳父母的遗产。

本案中，在丈夫付春山因病去世后，段嘉园与付春山的婚姻关系就不复存在了，之前承担的协助赡养义务也自动终止，所以，她并没有赡养贾某的法定义务。因此，法院并不支持贾某提出的让儿媳段嘉园赡养自己的请求。

【关键证据】

相关部门开具的配偶死亡证明；儿媳或女婿承担了主要赡养义务的证人证言；等等。

第二十六条　父母对未成年子女负有抚养、教育和保护的义务。

成年子女对父母负有赡养、扶助和保护的义务。

后妈虐待孩子，亲妈能要回抚养权吗

刘某和张某于2012年结婚，婚后育有一女刘菲。2021年3月，刘某和张某因为感情不和协议离婚，约定女儿刘菲由父亲刘某抚养。2022年5月，刘某和盖某再婚，刘菲随父亲刘某和继母盖某共同生活。其间，盖某经常因为小事，使用挂衣架、扫帚、痒痒挠等物品"体罚"刘菲，导致刘菲的臀部、背部、手臂等处大面积瘀青，还威胁刘菲不准对别人说，否则不允许她吃饭。盖某对刘菲的打骂，刘某知情，但却没有制止。张某在探视女儿时发现了她手臂上的瘀青，后经仔细检查，又发现了她臀部、后背等处的大面积瘀青，遂向公安机关报案。经公安机关鉴定，刘菲伤情构成轻微伤。2022年6月，张某向人民法院提起诉讼，请求法院将刘菲的法定监护人变更为自己，父亲刘某每月支付刘菲抚养费2000元。

【审判结果】

法院经审理认为，根据刘菲的就医诊断、出警记录、伤情鉴定以及警方对张某的询问记录等证据，足以证明刘菲在与继母盖某共同生活期间，盖某对其实施了恐吓、殴打等虐待行为，生父刘某知情且未制止，符合《中华人民共和国民法典》变更抚养权的相关规定。最终，法院判决刘菲的抚养权变更为张某，刘某每月支付刘菲抚养费人民币 2000 元。

· 解读分析 ·

抚养权，是指父母对其子女的一项人身权利，拥有抚养权的父母为未成年子女的健康提供必要的物质条件，包括哺育、喂养、抚育以及提供生活、教育和活动的费用等。可见，抚养权并非很多人理解的"提供吃穿住行"，还需要向未成年子女提供教育、医疗以及心理健康等多方面的照顾。

离婚后，在以下四种情况下，没有孩子抚养权的一方可以请求人民法院判决变更抚养权。

1.抚养方患病或者伤残，无力继续抚养孩子。离婚后，获得孩子抚养权的一方因为患病或者遭遇意外伤残，导致生活陷入困境之中，无法继续为孩子的健康成长提供经济、教育等方面的支持。在这种情况下，没有孩子抚养权的一方便可以提出申请，请求法院将孩子的抚养权变更到自己名下。

2.抚养方不履行抚养孩子的义务，对孩子存在虐待行为，或者其和孩子共同生活对孩子健康成长产生不利影响。夫妻离婚时，一方虽然争到了孩子的抚养权，但在随后的生活中却没有尽到抚养义务，甚至自己或再婚配偶对孩子有虐待行为，导致孩子在身体或精神上受到严重伤害。或者抚养方和孩子共同生活时，影响了孩子的身心健康，比如抚养方长期酗酒，或有犯罪行为等，另一方便有权申请变更孩子的抚养权。

3.已满八周岁的孩子愿意跟另一方共同生活，且另一方又具备抚养能力，法院通常会尊重孩子的意见，考虑变更其抚养权。

4.有其他正当理由需要变更孩子抚养权的，诸如抚养方因为工作调动、出国等原因，无法继续为孩子的健康成长提供良好的环境，没有抚养权的一方请求法院变更抚养权时，法院通常会支持。

本案中，刘某作为和女儿刘菲共同生活的一方，再婚后没有为刘菲提供一个健康成长的生活环境，并且在刘菲遭受继母盖某虐待时未能及时制止，事后也未在精神上关心刘菲，导致刘菲在身体和心理上都受到了严重伤害。张某向人民法院提起诉讼，请求将女儿刘菲的抚养权变更给自己，符合变更抚养权的法定情形。

【关键证据】

抚养方虐待子女的音频、视频资料；子女被虐待的医院诊断书；公安机关的出警记录和伤情鉴定书；抚养方不履行抚养义务的证人证言；等等。

·法条援引·
《最高人民法院关于适用〈中华人民共和国民法典〉婚姻家庭编的解释（一）》

第五十六条　具有下列情形之一，父母一方要求变更子女抚养关系的，人民法院应予支持：

（一）与子女共同生活的一方因患严重疾病或者因伤残无力继续抚养子女；

（二）与子女共同生活的一方不尽抚养义务或有虐待子女行为，或者其与子女共同生活对子女身心健康确有不利影响；

（三）已满八周岁的子女，愿随另一方生活，该方又有抚养能力；

（四）有其他正当理由需要变更。

非婚生子女该由谁来抚养

2019年3月，杨某和陈某订婚后，开始以夫妻名义同居。2020年10月，杨某诞下一子，起名陈一，但杨某和陈某始终未登记结婚。2020年12月，杨某和陈某因为是否登记结婚和购买婚房等问题产生了激烈争吵，后杨某带着孩子离开两人租赁的房屋回娘家居住。杨某认为陈某没有结婚和购房意愿，两人未来没有任何共同生活的可能，决定和陈某分手。陈一自出生以来一直与杨某共同生活，为了陈一能够健康成长，杨某主张陈一的抚养权归自己所有，陈某承担相应抚养费用。陈某不同意分手，也不同意放弃儿子陈一的抚养权。2021年6月，杨某向法院提起诉讼，请求法院判决陈一与自己共同生活，陈某每月支付陈一抚养费人民币2000元。

【审判结果】

法院经审理认为，杨某与陈某虽已订婚，但未在民政部门登记结婚，陈一为二人非婚生子女。依据《中华人民共和国民法典》的相关规定，非婚生子女和婚生子女拥有同样的权利，不直接抚养非婚生子女的生父或生母应当负担其生活费和教育费，直至非婚生子女能够独立生活为止。鉴于陈一还处于哺乳期，法院遂判决陈一由母亲杨某抚养，父亲陈某每个月支付抚养费1800元，直至其年满十八周岁为止。

·解读分析·

非婚生子女，是指父母没有在婚姻登记部门登记结婚所养育的子女，主要包括四种类型：

1.婚前性行为所生子女。男女双方在结婚前便共同居住或发生性行为所生的子女属于非婚生子。

2.婚外性行为所生子女。婚姻关系存续期间，一方同婚外第三人发生性行为，生下来的子女为非婚生子女。

3.养子女。通过正规手续收养的养子女，自收养关系成立之日起，养父母和养子女之间的权利义务关系等同于父母子女关系。因此，养子女也是养父母的非婚生子女。

4.有抚养关系的继子女。有抚养关系的继子女与亲生子女具有同样的法律地位，也可以视为继父母的非婚生子女。

除上述四种类型外，未经过丈夫同意，事后丈夫又不予认可的人工授精所生的子女，也属于非婚生子女。

非婚生子女与其亲生父母之间的关系是法定的，和其亲生父母在婚姻登记机关有没有登记结婚没有关系。也就是说，不管是婚生子女还是非婚生子女，父亲和母亲都应当履行相应的抚养义务。

本案中，杨某和陈某虽然没有在婚姻登记机关登记结婚，但双方为陈一的亲生父母，对其有法定的抚育义务。由于陈一还在哺乳期，按照《中华人民共和国民法典》的相关规定，其抚养权归母亲杨某所有。陈某作为陈一父亲，未直接抚养孩子，需要承担相应的抚养费。

【关键证据】

原告与被告同居的音频、视频资料；孩子与被告的亲子鉴定书；等等。

女儿有权和儿子均分父母的遗产吗

2022年，王某和姚某夫妇驾车外出旅游时发生交通事故，双双身亡。王某和姚某夫妇育有一女一子，长女王慧于2019年远嫁外省，次子王乐未婚，一直与王某和姚某夫妇共同生活。去世前，王某和姚某夫妇没有留下任何遗嘱。两人生前有一套140平方米住房及20万元存款。处理完父母后事，王慧和王乐就父母遗产分配问题产生分歧，王乐认为自己是家中独子，且和父母共同居住，尽到了主要赡养义务，父母留下的住房和存款都应归自己所有。王慧则认为儿子和女儿享有同等继承权，父母留下的房产和存款，姐弟俩应均分。2023年5月，王慧向法院提起诉讼，请求法院判决自己和王乐均分父母留下的房产与存款。

【审判结果】

法院经审理认为，继承权男女平等，同一继承顺序继承人继承遗产的份额，一般应当均等，故支持王慧提出的和其弟王乐共同继承父母遗产的请求。但考虑到王乐长期与王某和姚某夫妇共同生活，王某和姚某生病时都由王乐照顾，而远嫁的王慧则未尽到主要赡养义务，因此，法院在分割遗产时支持王乐多得。最终，法院判决王某和姚某所留房产由王慧与王乐均分；20万元存款，王乐继承15万元，王慧继承5万元。

·解读分析·

根据我国相关法律规定，继承权男女平等。很多人认为，"嫁出去的女儿泼出去的水"，女儿不能继承父母财产的观点明显错误，男女的继承权是法定的，并不因性别不同而改变。

当父母去世前没有留下遗嘱时，其遗留的合法财产，包括收入、房屋、储蓄、生活用品以及其他财产和生产资料，都可以被拥有继承权的继承人继承。通常，遗产会按照两个顺序继承：第一顺序，配偶、子女和父母；第二顺序，兄弟姐妹、祖父母、外祖父母。继承开始后，由第一顺序继承人继承，第二顺序继承人不继承。假如遗产不存在第一顺序继承人，则由第二顺序继承人继承。

有继承权的子女，既包括婚生子女，也包括非婚生子女；有继承权的父母，既包括亲生父母，也包括养父母和有抚养关系的继父母；有继承权的兄弟姐妹，既包括同父母的兄弟姐妹，也包括同父异母或者同母异父的兄弟姐妹、养兄弟姐妹和有抚养关系的继兄弟姐妹。

在遗产继承份额方面，同一顺序继承人继承遗产的份额通常是均等的，也就是按照人数均分。但是在一些情况下，法院在分割遗产时，会酌情对特殊继承人给予照顾。

1.生活有特殊困难又缺乏劳动能力的继承人。相对其他继承人，此类遗产继承人在生活上相对困难，又缺乏足够的劳动能力，没有稳定的经济来源，如失去劳动能力的残疾人。法院在分割遗产时，会对其给予一定的照顾。

2.与被继承人共同生活或者尽到了主要扶养义务的继承人。继承人和被继承人共同生活，或对被继承人尽到了主要扶养义务，法院在分割遗产时，会考虑让其多分一些。

3.有扶养能力和条件但不尽扶养义务的，法院在分割遗产时，倾向少分甚至不分。

当然，假如继承人在平等协商基础上达成了相应的分割遗产协议，也可以不均等分配遗产。

本案中，王某和姚某因交通事故意外去世，没有就夫妻共同所有财产处置留下遗嘱，其女儿王慧和儿子王乐是二人遗产的第一顺序继承人。但是考虑到王乐和王某、姚某共同生活，且尽到了主要赡养义务，而王慧则远嫁外省没有尽到主要赡养义务，因此，法院倾向于王乐多分，王慧少分。

【关键证据】

和被继承人共同生活的音频、视频资料，证人证言；对被继承人尽到主要扶养义务的日常开支单据、住院结算单据；等等。

·法条援引·
《中华人民共和国民法典》

第一千一百三十条　同一顺序继承人继承遗产的份额，一般应当均等。

对生活有特殊困难又缺乏劳动能力的继承人，分配遗产时，应当予以照顾。

对被继承人尽了主要扶养义务或者与被继承人共同生活的继承人，分配遗产时，可以多分。

有扶养能力和有扶养条件的继承人，不尽扶养义务的，分配遗产时，应当不分或者少分。

继承人协商同意的，也可以不均等。

继承遗产时，需要偿还被继承人所欠债务吗

老伴于多年前去世的老艾，也于2023年因病去世。夫妇俩有两个儿子、一个女儿。老艾去世后，留下了一套房产和100万元的债务，后其子女将该房产以300万元的价格出售，每人分得100万元。债主老盖知道后找到老艾的子女，要求他们偿还老艾生前欠下的100万元债务。但老艾的三名子女对此却不认同，认为"人死债灭"，他们没有偿还义务。双方协商不成，老盖遂将老艾的三名儿女告上法庭，请求法院判令三被告偿还老艾生前欠下的100万元债务。

【审判结果】

法院经审理认为，继承人继承遗产的，应当在继承的遗产价值范围内清偿被继承人生前的债务。经查，老艾去世后留有一套房产，出售后被告三人获得的300万元售房款，应首先用于偿还原告老盖的100万元债务。最终，法院判决被告老艾三名子女偿还原告老盖的100万元债务。

·解读分析·

继承人继承遗产的，应当在其所继承遗产的价值范围内清偿被继承人生前的债务。我们可以从两个方面来理解在"遗产的价值范

围内清偿被继承人生前的债务"。

其一，继承人所继承的财产比被继承人生前所欠债务多。这种情况，继承人需要首先偿还被继承人生前所欠债务，剩余的遗产才可以继承。举例来说，被继承人的遗产总额为 500 万元，其生前所欠债务为 300 万元，那么，继承人首先要从 500 万元中拿出 300 万元偿债，剩下的 200 万元才是自己的。

其二，继承人所继承的财产比被继承人生前所欠债务少。这就需要继承人将所继承的财产全部用于偿债，但不足部分并不强制其承担。举个例子，被继承人的遗产总额为 500 万元，其生前所欠债务为 600 万元，继承人就要将 500 万元全部用于偿还债务，不足的 100 万元则不需要承担。当然，假如继承人自愿偿还不足的部分，法律也是允许的。

【关键证据】

所继承遗产的价值评估鉴定，等等。

·法条援引·
《中华人民共和国民法典》

第一千一百六十一条　继承人以所得遗产实际价值为限清偿被继承人依法应当缴纳的税款和债务。超过遗产实际价值部分，继承人自愿偿还的不在此限。

继承人放弃继承的，对被继承人依法应当缴纳的税款和债务可以不负清偿责任。

口头作出的遗嘱算数吗

赵某（2015年去世）和孙某（2023年去世）共育有一儿赵凯、一女赵梅，夫妻二人在上海市拥有房产一套。赵某去世后，孙某、赵凯、赵梅未对该房产做处置。女儿赵梅远嫁外省，孙某晚年和儿子赵凯以及孙女、孙女婿一起生活。2023年，孙某因病去世，赵凯和赵梅因上海房产分割问题产生纠纷。赵凯告诉赵梅，母亲孙某生前立有口头遗嘱，明确表示房产留给儿子，不给女儿，且赵梅常年在外省居住，没有对母亲尽到赡养义务，不应分得任何遗产，邻居等人的证词，也说孙某多次表示"女儿不孝，没养她，她的房子要留给儿子"。赵梅并不认同赵凯的说辞，认为母亲孙某虽然和赵凯以及孙女、孙女婿一起居住十余年，但从未立下遗嘱，因此自己和赵凯拥有同等继承权，要求均分位于上海市的房产。双方协商不成，赵梅将赵凯诉至法院，请求法院判决自己拥有母亲留下房产的50%份额。

【审判结果】

法院经审理认为，虽然孙某的邻居等证人证实，孙某生前曾多次表示"女儿不孝，没养她，她的房子要留给儿子"，但这些证言仅仅能够证明孙某对赵凯及其孙女、孙女婿有好感，并不足以证明是孙某生前在危急情况下立下的口头遗嘱。因此，孙某拥有的上海房产应依法由其子赵凯和其女赵梅共同继承。赵凯对孙某尽到了主要赡养义务，在遗产继承时依法应予以多分。最终，法院判决赵凯获得上海房产63%的产权，赵梅获得上海房产37%的产权。

·解读分析·

口头遗嘱，是指通过口头表述的方式安排自己去世后财产如何处理的一种遗嘱形式。需要注意的是，并非口头表达了自己处理财产的意愿便形成了口头遗嘱，还须满足以下几个条件，口头遗嘱才有法律效力。

1.口头遗嘱只有在危急情况下才可以订立。怎样才算危急情况呢？比如遗嘱订立人突患疾病，且病情急剧恶化，危及生命，在这种情况下，遗嘱人便可以订立口头遗嘱处置自己的合法财产。再如，遗嘱人遭遇了突发的自然灾害、意外事故、战争等，导致其客观上无法或者没有能力以自书、代书、打印、录像录音、公证等形式订立遗嘱，便可以订立口头遗嘱处理自己的合法财产。

2.遗嘱人亲自口述。口头遗嘱必须是遗嘱人亲自口述的内容，遗产的受益人是谁，遗产的分配原则是什么，遗嘱执行人是谁，都需要遗嘱人明确清晰地表达，而不能通过其他人转述或者揣测。

3.口头遗嘱的见证人得满足几个要求。首先，在数量上，在场的见证人必须是两个以上；其次，在利害关系上，在场的见证人必须是与相关人员不存在继承或受遗赠等利害关系的人员；再次，见证人不能是没有民事行为能力人；最后，见证人要全程参与遗嘱人订立遗嘱的过程，不能缺席任何环节。

4.当危急情况消失后，先前订立的口头遗嘱的前提条件便不存在，所订立口头遗嘱便失去了法律效力。这个时候，遗嘱人应尽快以书面、录音、录像等形式订立遗嘱，否则在先前订立的口头遗嘱不具备法律效力的情况下，只能按照相关法律规定进行继承。

本案中，赵凯虽然表示母亲孙某在世时订立了口头遗嘱，且孙某的邻居等人都听到过孙某生前将上海房产留给儿子赵凯的表述，但因为孙某的表述并非危急情况下作出的，邻居等人的相关转述不能表达孙某的真实意愿。因此，赵凯所说的母亲孙某订立的口头遗嘱并不具备法律效力，不能获得法院的支持。

【关键证据】

遗嘱人订立口头遗嘱时所处危急情况的证人证言或相关病情诊断书等；两个以上见证人的证言；遗嘱人订立的具有法律效力的其他遗嘱；等等。

·法条援引·
《中华人民共和国民法典》

第一千一百三十八条　遗嘱人在危急情况下，可以立口头遗嘱。口头遗嘱应当有两个以上见证人在场见证。危急情况消除后，遗嘱人能够以书面或者录音录像形式立遗嘱的，所立的口头遗嘱无效。

老人立有两份遗嘱，以哪份为准

李阿姨生育有三子一女，老伴于 2020 年去世后，李阿姨一直独自生活。2022 年，李阿姨在公证处公证了一份遗嘱，大致内容是自己去世后，自己名下的四套房产由四个子女平均分配，并对每一套房产分给哪位子女进行了具体处分。2023 年 3 月，李阿姨突发脑梗，生活不能自理，其间一直由二儿子照顾生活起居，其他三个子女仅仅到医院探望了一次，便以"工作太忙"为由做起了甩手掌柜。2023 年 11 月，李阿姨又立了一份遗嘱，大致内容为其去世后，其中两套房子留给二儿子，另外两套，一套留给大儿子，一套留给小儿子，并详细说明了哪个儿子获得哪套房产。2024 年 1 月，李阿姨去世后，其子女因为遗产分割发生纠纷，李阿姨的女儿向法院提起诉讼，请求法院按照李阿姨第一次立的公证遗嘱进行判决分配。

【审判结果】

法院经审理认为，李阿姨作为遗嘱人可以撤回、变更自己所立的遗嘱。依据《中华人民共和国民法典》的相关规定，李阿姨立有两份遗嘱，且内容相抵触，应以最后的遗嘱为准。最终，法院驳回了李阿姨女儿的诉讼请求。

· 解读分析 ·

遗嘱人在立遗嘱时，可以采用自书、代书、录音、口头方式处分自己的财产或其他事物。

1. 自书遗嘱。即遗嘱人自己亲笔书写并签名的遗嘱，需要明确遗嘱订立的年、月、日。

2. 代书遗嘱。是指遗嘱人请他人代为书写的遗嘱。为了确保遗嘱体现遗嘱人的真实意愿，请他人代为立遗嘱时，应当有两个以上的见证人在场见证，见证人之一可以代为书写，之后由遗嘱人、代书人和其他见证人在遗嘱上签名，并注明年、月、日。

3. 打印遗嘱。是指通过技术设备书写、打印的遗嘱。打印的遗嘱，因为非遗嘱人亲自书写，所以仍然需要两个以上的见证人在场见证。遗嘱人和见证人需要在遗嘱的每一个页面上签名，并注明年、月、日。

4. 录音录像遗嘱。是指遗嘱人以录音录像的形式立的遗嘱。为了确保录音录像体现遗嘱人的真实意愿，遗嘱人立录音录像遗嘱时，需要有两个以上的见证人在场见证，遗嘱人和见证人都需要在录音录像中说出自己的姓名或者留下正面影像以及年、月、日。

5.口头遗嘱。在危急情况下，遗嘱人通过口头表达的方式立遗嘱，需要有两个以上没有利害关系的见证人在场见证，当危急情况消失后，遗嘱人所立的口头遗嘱便会失去法律效力。

不管采用哪种形式立的遗嘱，都容易被伪造，在遗嘱人去世后，其真实性较难查证。出于这种顾虑，遗嘱人在世时，通过公证机关公证的遗嘱，其真实性与合法性都能得到保障，能够在法律上真实体现遗嘱人处分个人合法财产和其他事物的意志。

若已经公证了遗嘱，想要变更内容，可以通过以下两种方式。

方式一：重新办理一份公证，将原有的公证遗嘱进行撤销或变更。在遗嘱公证后，遗嘱人又在公证机关公证了第二份遗嘱，那么第二份公证遗嘱实际上便是对第一份公证遗嘱的部分变更或撤销，对同一财产继承上以第二份遗嘱为准。

方式二：生前处分了公证遗嘱中的部分或全部财产。遗嘱人在公证机关公证了自己的遗嘱后，处分了公证遗嘱中的部分或者全部财产，这种行为本质上便是对之前公证遗嘱的一种变更或者撤销。

但需要注意的是，公证遗嘱虽然有较强的公信力，但并不具有优先性。当遗嘱人立有数份遗嘱且内容相抵触时，以最后的遗嘱为准。也就是说，遗嘱的法律效力并非以公不公证为前提条件，而是以所订立遗嘱时间的先后作为是否具备最终法律效力的依据。

本案中，李阿姨去世前最后一份遗嘱为2023年11月所立，其内容和之前所立的公证遗嘱内容相抵触，2023年11月所立之遗嘱具有最终法律效力。因此，法院驳回了李阿姨女儿要求按照之前的公证遗嘱分割遗产的请求。

【关键证据】

遗嘱人的自书遗嘱，遗嘱人的代书遗嘱、录音录像遗嘱、打印遗嘱以及立遗嘱时在场见证人的证言证词；能够证实遗嘱为遗嘱人去世前立的最后一份遗嘱的证人证言；等等。

·法条援引·
《中华人民共和国民法典》

第一千一百四十二条　遗嘱人可以撤回、变更自己所立的遗嘱。

立遗嘱后，遗嘱人实施与遗嘱内容相反的民事法律行为的，视为对遗嘱相关内容的撤回。

立有数份遗嘱，内容相抵触的，以最后的遗嘱为准。

婚外情所生子女，
有资格继承父或母的财产吗

张某和周某于 1986 年结婚，婚后，周某在家操持家务，抚育两个儿子，张某则在外打拼，赚钱养家。在张某的辛勤经营下，其创办的房地产公司越做越大，逐渐成长为当地建筑市场上的龙头企业。在一次聚会中，张某认识了小自己 13 岁的钱某，并为其美貌所吸引，逐渐与其发展为情人关系。2011 年，钱某为张某生下一子张舰。2022 年 10 月，张某不幸罹难。随后，钱某向周某出具了张舰为张某儿子的亲子鉴定书，认为作为张某的儿子，张舰有权继承张某名下的 400 万元存款。周某不认可张舰的身份，拒绝了钱某提出的请求。2022 年 11 月，钱某以监护人的身份向法院提起诉讼，请求法院判决张舰继承张某名下存款 50 万元。

【审判结果】

法院经审理认为，钱某提供的亲子鉴定书足以证明张舰与张某为父子关系。依据《中华人民共和国民法典》的相关规定，张舰有继承张某遗产的权利，但张某生前没有立下遗嘱，因此，其个人遗产应当按照法定继承顺序继承。张某名下400万元存款为张某和周某夫妇共同所有，鉴于张某婚内出轨第三者，违背夫妻间忠诚义务，分割共同财产时应当少分，故周某分得60%共计240万元，张某分得40%，共计160万元。张某个人财产160万元，平均分成四份（张某父母已经身故），周某、周某的两个儿子以及张舰各一份，即每个人40万元。最终，法院判决张舰获得张某名下存款人民币40万元。

· 解读分析 ·

继承开始后，如果被继承人生前留有遗嘱，那么继承人需要按照遗嘱继承其合法财产和其他财物；假如被继承人生前未立遗嘱，便按照法定继承办理。

在被继承人生前没有立遗嘱的前提下，其个人遗产的第一顺序继承人为配偶、子女和父母。按照《中华人民共和国民法典》相关规定，被继承人的子女，既包括婚生子女，也包括非婚生子女、养子女和有抚养关系的继子女。也就是说，非婚生子女和婚生子女一样拥有继承权。

非婚生子女与其父母之间存在血缘关系，造成他们"非婚生"的原因在于父母，因此，不应该由非婚生子女为父母的行为承担法律后果。

但需要注意的是，非婚生子女只能继承自己父母的个人遗产，而不能继承夫妻共同财产。夫妻一方有非婚生子女的，法院在审理时会首先将其配偶的财产分割出来，剩余的财产才会作为遗产，由其配偶、子女和父母继承。

本案中，张某在婚姻关系存续期间和婚外第三人生子，有违公序良俗，违背了婚姻的忠诚义务，因此，法院在分割夫妻共同所有的财产时倾向周某多分。周某作为张某配偶，周某的两个儿子作为张某的婚生子女，张舰作为张某的非婚生子女，同为第一顺序继承人。因此，法院最终判决四人均分张某的个人遗产。

【关键证据】

能够证明具有父母子女关系的亲子鉴定证明、基因检测证明；等等。

·法条援引·
《中华人民共和国民法典》

第一千一百二十七条　遗产按照下列顺序继承：

（一）第一顺序：配偶、子女、父母；

（二）第二顺序：兄弟姐妹、祖父母、外祖父母。

继承开始后，由第一顺序继承人继承，第二顺序继承人不继承；没有第一顺序继承人继承的，由第二顺序继承人继承。

本编所称子女，包括婚生子女、非婚生子女、养子女和有扶养关系的继子女。

本编所称父母，包括生父母、养父母和有扶养关系的继父母。

本编所称兄弟姐妹，包括同父母的兄弟姐妹、同父异母或者同母异父的兄弟姐妹、养兄弟姐妹、有扶养关系的继兄弟姐妹。

第三章
消费与理财

孩子在餐馆就餐被烫伤，由谁担责

2023 年 5 月，李某和陈某夫妇带着 5 岁的儿子李梦桐到某炭烤石锅鱼店就餐。就餐期间，李梦桐单独上厕所，回桌时倒退行走，被放在过道边上的炭炉绊倒，并摔坐在上面，导致屁股大面积烫伤，李某和陈某立即将李梦桐送到医院治疗。住院期间，李某找到某炭烤石锅鱼店负责人，并要求其支付医疗费等费用，但该店负责人认为自身已经尽到了足够的安全保障义务，将过道和放炭区做了分区，顾客有足够的空间行走。李梦桐在店内倒退行走，且其家人并未及时制止，家长监管不到位才是导致其受伤的原因。协商不成，李某遂向法院提起诉讼，请求法院判决某炭烤石锅鱼店赔偿李梦桐医疗费、护理费、伙食费、营养费等各项费用共计人民币 22734 元。

【审判结果】

法院经审理认为，某炭烤石锅鱼店服务对象为大众，对进店消费的顾客负有安全保障义务。该店虽然对过道和放置炭炉的区域做了分区，但负责人应当预见将炭炉区设置在过道上，一旦发生碰撞有可能造成危险，且炭炉放置区域没有设置警示标志，也没有设置栅栏等进行围挡，未尽到合理的安全保障义务，存在一定过错，应当承担 70% 的责任。而李梦桐作为无民事行为能力的儿童，由其家长带到某炭烤石锅鱼店就餐，家长应对李梦桐尽到充分的监护义务，李梦桐因倒退行走时被炭炉绊倒导致受伤，作为李梦桐监护人的家长应承担30%的责任。最终，法院判决被告某炭烤石锅鱼店赔偿李梦桐医疗费1万元，驳回原告其他诉讼请求。

·解读分析·

经营者对进店消费的顾客负有安全保障义务，未尽到安全保障义务导致他人损害的，应当承担侵权责任。通常来说，经营者需要从五个方面确保进店消费者的安全。

方面一：营造安全的经营环境。经营者要尽可能为顾客营造安全的经营环境，将店内所有可能引发安全事故的因素都处理掉。比如，台阶不能设置太高，光线不能设置太暗，就餐区和作业区之间要有硬隔离设施；等等。

方面二：在醒目位置张贴警示标志。当店内设置或者设计可能危及消费者安全时，经营者需要在醒目位置张贴相应的警示标志，提醒消费者注意安全，避免消费者在不知情或不注意的情况下受到伤害。比如，店内提供开水的饮水机，需要张贴"开水，注意防烫"的警示标志，避免消费者烫伤。

方面三：使用广播提醒顾客照看好小孩。经营者需要尽到提醒义务，使用广播提醒进店顾客照看好未成年子女，约束孩子不要在店内奔跑，避免出现撞伤、烫伤等危险。

方面四：及时制止危险行为。对消费者可能导致危险的行为要及时制止，尽可能地将潜在的伤害消弭于无形。比如，看到奔跑的孩子，要及时提醒或制止；等等。

方面五：对员工进行安全培训。经营者每隔一段时间就要对员工进行一次安全培训，要让员工明白安全的重要性，对各种安全隐患有预见，有处理方案。

当然，当被侵权人对同一损害的发生或扩大有过错的，可以减轻侵权人的责任。简单地说，就是被侵权人在经营场所受到损害时，自身也存在一定的过错，那么侵权人的责任便会相应减轻。

本案中，某炭烤石锅鱼店在过道中设置了炭炉存放区，与就餐区之间仅仅做了简单的分区，没有做硬隔离，没有设置醒目的警示标志，没有考虑到其可能对消费者人身安全造成的潜在危险，因此并没有尽到自身对消费者的安全保障义务。而作为李梦桐的监护人，李某和陈某也未尽到监管责任，导致李梦桐因为倒退行走摔坐在炭炉上，导致身体受到伤害。因此，法院最终判决某炭烤石锅鱼店承担事故的七成责任，李某和陈某承担事故的三成责任。

【关键证据】

孩子在餐厅、酒店等经营场所受伤时的视频资料；餐厅、酒店等经营场所未能尽到安全保障义务的照片、视频等资料；孩子受伤诊断书；等等。

·法条援引·
《中华人民共和国民法典》

第一千一百九十八条　宾馆、商场、银行、车站、机场、体育场馆、娱乐场所等经营场所、公共场所的经营者、管理者或者群众性活动的组织者，未尽到安全保障义务，造成他人损害的，应当承担侵权责任。

因第三人的行为造成他人损害的，由第三人承担侵权责任；经营者、管理者或者组织者未尽到安全保障义务的，承担相应的补充责任。经营者、管理者或者组织者承担补充责任后，可以向第三人追偿。

商家任意涨价，消费者就只能听之任之吗

　　姜某在小区"二手物品交易群"中看到金某发布的出售某品牌未拆封手机的信息，遂加金某为微信好友，与其沟通该品牌手机。金某表示自己是在该手机品牌官网抢了一个月才抢到的，原价6500元，加价200元出售。姜某线下检查后，确认购买，之后又通过微信达成了买卖协议，确定了交货地点和付款方式。但是在交易时，金某突然以该品牌手机"超级抢手，这种颜色的很难抢到"为由，要求在原来商定价格6700元基础上再加上500元，以7200元的价格出售。姜某对金某在交易过程中突然加价的行为提出异议，认为之前双方已经定了商品买卖合同，金某单方面变更合同的行为涉嫌违约，要求其按照双方约定的6700元进行交易。协商不成，姜某一纸诉状将金某告上法庭，请求法院判令金某按照6700元的价格履行合同。

【审判结果】

　　法院经审理认为，根据原告姜某和被告金某的微信聊天记录可知，双方就买卖涉案手机达成了协议，确定了价格、交货地点以及转账方式等，双方间的合同关系成立。被告金某在交易过程中单方面提高涉案手机价格，构成违约，对原告要求按照合同价格6700元继续履行合同的诉讼请求给予支持。最终，法院判决被告金某以6700元的价格继续履行合同，于判决生效十日内完成交易。

·解读分析·

买卖合同可以通过口头形式、书面形式以及其他形式订立，主要内容包括商品的质量要求、价格、交付时间、交付地点和付款方式等，只要双方意思达成一致即可。

合同一旦订立，对订立合同的各方就有了法律上的约束力，一方在没有和另一方协商一致的情况下不能单方面变更合同内容，否则便会构成违约，承担相应违约责任。

本案中，金某擅自在交易中提高手机售价，姜某有权要求金某继续履行合同。

【关键证据】

送货单、收货单、结算单、发票、销售小票、转账记录等凭证；出卖方交付的货物、产品等物证；相关证人证言；通话记录、短信记录、微信聊天记录，录音、监控视频等视听资料；等等。

·法条援引·
《中华人民共和国民法典》

第五百七十七条 当事人一方不履行合同义务或者履行合同义务不符合约定的，应当承担继续履行、采取补救措施或者赔偿损失等违约责任。

《最高人民法院关于审理买卖合同纠纷案件适用法律问题的解释（2020年修正）》

第一条 当事人之间没有书面合同，一方以送货单、收货单、结算单、发票等主张存在买卖合同关系的，人民法院应当结合当事人之间的交易方式、交易习惯以及其他相关证据，对买卖合同是否成立作出认定。

对账确认函、债权确认书等函件、凭证没有记载债权人名称，买卖合同当事人一方以此证明存在买卖合同关系的，人民法院应予支持，但有相反证据足以推翻的除外。

消费者因赠品蒙受损失，可以要求商家赔偿吗

2022年9月，王某到某家电大卖场选购电冰箱。商家为了推销某品牌电冰箱，提出如果王某购买该品牌指定型号的电冰箱，可另外赠送一台价值599元的微波炉。于是王某付款购买了该品牌电冰箱一台，获赠微波炉一台。但让王某没想到的是，仅仅使用了一个多月，微波炉便出了问题，在加热牛奶时突然起火，引燃厨房，造成经济损失约2万元。后经市场监督管理部门鉴定，商家赠送的微波炉存在质量问题，系不合格产品。王某和该家电大卖场协商赔偿事宜，其负责人认为导致火灾的微波炉是赠品，商场并不需要承担任何责任。王某遂向法院提起诉讼，请求法院判决该家电大卖场赔偿自己经济损失2万元。

【审判结果】

法院经审理认为，王某及其家人在使用微波炉过程中不存在任何过错，造成厨房失火的原因是微波炉存在质量问题，系不合格产品。该微波炉为某家电大卖场所赠与，但其并非无偿赠与，而是以

原告王某购买指定电冰箱为前提条件。王某虽然没有直接购买涉案微波炉，但其付款义务已经转嫁到了所购电冰箱中，本质上是一种附带义务的赠与，而非单纯的赠与关系。因此，某家电大卖场应当对赠品的瑕疵承担责任。最终，法院判决某家电大卖场赔偿王某人民币2万元。

·解读分析·

赠与合同是赠与人将自己的财产无偿赠与受赠人，受赠人表示接受赠与的合同。赠与物品如果存在瑕疵，赠与人通常情况下不会承担责任。

比如，一个人购买了新房子，准备搬进去。在整理物品时，将一直使用的电熨斗送给了老邻居，老邻居欣然接受，这便构成了赠与合同。之后，老邻居在使用该电熨斗时发生了火灾，造成了一定的财产损失，此时老邻居若要求赠与人赔偿自己的损失，法院通常不会支持，因为这种赠与是无偿的，没有附带任何义务，且赠与人事先也不知道电熨斗存在任何瑕疵。

但是在两种特殊情况下，赠与人则需要为赠与物的瑕疵承担相应的赔偿责任。

情况一：附义务的赠与，赠与物有瑕疵的，赠与人在附义务的限度内承担与出卖人相同的责任。之所以如此规定，是因为如果在附义务的赠与合同中赠与物有了瑕疵，受赠人的相关利益便会受到损害，这就会使原本合同约定的权利和义务失衡，因此，赠与人应在受赠人所附义务的限度内，承担瑕疵担保责任。

情况二：赠与人故意不告知瑕疵或者保证没有瑕疵。在这种情况下，受赠人因为赠与物瑕疵蒙受损失的，赠与人需要承担损害赔偿责任。

除此之外，一些扶贫、救灾等具有社会公益、道德义务的赠与合同，或者经过公证机关公证的赠与合同，假如赠与人事后不交付赠与物，那么受赠人是可以要求交付的。假如因为赠与人故意或者重大过失导致赠与物损毁、灭失的，受赠人也可以要求赠与人承担损害赔偿责任。

　　本案中，王某到某家电大卖场购买电冰箱，该家电大卖场承诺只要王某购买某品牌指定型号的电冰箱即可获赠微波炉一台，本质上是一种附义务赠与合同，而非普通的赠与合同。王某在正常使用该微波炉时发生了火灾，蒙受了损失，作为附义务赠与方的该家电大卖场就需要在其附带义务范围内承担赔偿责任。

【关键证据】

　　购买产品时商家附赠有礼品的产品支付凭证、发票；商家随产品赠送礼品时的音频、视频资料；等等。

·法条援引·
《中华人民共和国民法典》

　　第六百六十二条　赠与的财产有瑕疵的，赠与人不承担责任。附义务的赠与，赠与的财产有瑕疵的，赠与人在附义务的限度内承担与出卖人相同的责任。

　　赠与人故意不告知瑕疵或者保证无瑕疵，造成受赠人损失的，应当承担赔偿责任。

办了会员卡后店铺消失，只能自认倒霉吗

2022年10月，刚刚生完孩子的贾某，为了尽快恢复体形，在一家美容塑体中心办理了会员卡，通过微信转账的方式在该会员卡内预存了1万元。但没想到两个月后这家美容塑体中心未发布任何通知便突然停业，致使贾某无法继续享受相应的会员服务。之后，贾某通过电话多次联系该美容塑体中心负责人，协商退费事宜，但该负责人每次都以"资金周转困难"为由推托。见对方毫无协商诚意，2022年12月，贾某向法院提起诉讼，请求法院判令该美容塑体中心负责人王某退还会员卡内余额8200元。

【审判结果】

法院经审理认为，贾某在某美容塑体中心办理了会员卡，并通过微信转账的方式，在该会员卡内预存了1万元，该美容塑体中心为贾某提供美容塑体服务，双方之间形成了美容塑体合同关系。根据相关法律法规，被告经营的美容塑体中心已经停止营业，在贾某无法继续消费的情况下，其负责人王某应退还贾某会员卡中未消费的费用。最终，法院判令王某退还贾某会员卡内余额8200元。

·解读分析·

花钱办理了各种会员卡之后，消费者和商家之间就形成了一种合同关系。合同关系一旦确立，想要解除，则需要满足相应的一些条件。

1. 签署合同的双方当事人在合同中约定了一方解除合同事由的，并且约定了解除合同的事由发生时，解除权人可以解除合同。

2.因为不可抗力导致不能实现合同目的的,当事人可以解除合同。

3.在履行期届满前,当事人一方明确表示或者以自己的行为表明不履行主要债务的,另一方当事人可以解除合同。

4.当事人一方延迟履行主要债务,经催告后在合理期限内仍然未履行的,另一方当事人有权单方面解除合同。

5.当事人一方延迟履行债务或者有其他违法行为致使不能实现合同目的的,另一方当事人可以解除合同。

6.法律规定的其他情形。

对消费者而言,办理了会员卡并交纳了相应费用后,便可以享有更加优惠的消费价格和更为优质的服务,在没有专门约定条款的前提下,消费者不能单方面解除合同关系,要求商家退还未履行部分的价款。

对商家而言,在合同履行过程中,假如没有专门的约定条款,因为商家存在违约行为而导致消费者不能继续享受合同约定的商品和服务的,消费者有权解除合同。合同解除后,尚未履行的,终止履行;已经履行的,当事人可以要求恢复原状,采取其他补救措施,并有权要求赔偿经济损失。

本案中,贾某在某美容塑体中心办理了会员卡,预存了1万元后,便与该美容塑体中心形成了合同关系,贾某可以据此定期或者不定期接受美容塑体中心提供的各项服务。美容塑体中心突然停业后,已经不具备继续向贾某提供合同约定服务的能力,直接导致了贾某不能实现合同目标。因此,法院支持解除贾某和美容塑体中心的合同关系。贾某通过举证能够证明在会员卡中还有8200元未消费,美容塑体中心未能提供相反证据,因此,法院能够确认贾某所持会员卡内的上述消费余额属实,贾某有权要求美容塑体中心返还该余额。

【关键证据】

办理会员卡时双方签订的书面消费协议；办理会员卡时的发票、小票、收据等付款凭证；等等。

·法条援引·
《中华人民共和国民法典》

第五百六十三条 有下列情形之一的，当事人可以解除合同：

（一）因不可抗力致使不能实现合同目的；

（二）在履行期限届满前，当事人一方明确表示或者以自己的行为表明不履行主要债务；

（三）当事人一方迟延履行主要债务，经催告后在合理期限内仍未履行；

（四）当事人一方迟延履行债务或者有其他违约行为致使不能实现合同目的；

（五）法律规定的其他情形。

以持续履行的债务为内容的不定期合同，当事人可以随时解除合同，但是应当在合理期限之前通知对方。

第五百六十六条 合同解除后，尚未履行的，终止履行；已经履行的，根据履行情况和合同性质，当事人可以请求恢复原状或者采取其他补救措施，并有权请求赔偿损失。

合同因违约解除的，解除权人可以请求违约方承担违约责任，但是当事人另有约定的除外。

主合同解除后，担保人对债务人应当承担的民事责任仍应当承担担保责任，但是担保合同另有约定的除外。

还款期内没还款，
就可以永远不还了吗

　　2017 年 2 月 1 日，徐某找到好朋友杨某借款 1 万元，承诺 2017 年 12 月 1 日全部偿还。两人是发小，关系非常好，所以，杨某当即就通过微信转账的方式转给徐某 1 万元，也没有要利息，只让徐某按他自己承诺的还款日期出具了一张借条。但是到了还款日期后，徐某却没有偿还这笔借款，杨某也没好意思向徐某要。就这样，时间一晃过去了 5 年，2022 年 5 月，杨某在整理书桌时偶然发现了被夹在书中的借条，才想起徐某还欠着自己 1 万元没有偿还。于是他便拿着借条找到徐某，要求其还钱。但让杨某没想到的是，徐某说 3 年的诉讼时效已过，这 1 万元是杨某送给他的，现在再讨要既不合理，也没有人情味。杨某并不在乎这 1 万元，只是咽不下这口气，一怒之下便将徐某诉至法院，请求法院判决徐某全额偿还 1 万元欠款。

【审判结果】

　　法院经审理认为，原告杨某和被告徐某之间的借款约定有明确的借款期限。在借款期限届满时，被告徐某并没有主动还款，原告便已知晓自身权利受到损害，但杨某无法提供 2017 年 12 月 1 日到 2020 年 12 月 1 日三年时间内曾经向徐某催要该笔借款的有效证据，徐某认为该笔借款已经过了诉讼期，法院予以支持。最终，法院驳回了杨某的诉讼请求。

·解读分析·

根据相关法律规定，权利人向人民法院请求保护民事权利的诉讼时效期间为三年。法律另有规定的，依照其规定。这里所说的"诉讼时效"，是指民事权利受到侵害的权利人在法定时效期间内不行使权利，当时效期间届满时，权利人便会失去胜诉权利。举个例子，一个人向好朋友借钱，到了约定的还钱时间却没有偿还，如果好朋友在此之后三年内没有催要的话，那么这个人便可以用"超过诉讼时效"为由，拒绝归还这笔借款。

需要注意的是，诉讼时效期间是自权利人知道或者应当知道权利受侵害时算起，但是从权利被侵害时起超过 20 年的，法院不予保护。具体到借款，是从双方约定的还款日期开始计算诉讼时效期间的。假如双方约定采用分期的方式还款，那么诉讼时效期间的计算日期是最后一期履行期限届满之日。

假如借款双方没有约定具体的还款日期，债权人随时可以要求债务人还款，那么，诉讼时效期间便从债权人第一次要求债务人还款的日期开始计算。

三年诉讼时效期间并不是一成不变的，而是可以中断或中止的。比如，债权人在借款后三年内曾经向债务人催讨，要求其立即归还借款，或者在诉讼时效期间，债务人向债权人承诺过偿还借款，抑或在诉讼时效期间，债权人向人民法院提起过诉讼，那么，三年的诉讼时效期间便要重新计算。比如，一个人借款 10 万元给好朋友，约定的还款期限到后，好朋友没有还款，这个人每隔几个星期便催讨一次，每次催讨都会发生诉讼时效期间的中断，诉讼时效期间便会重新计算。

但是已经超过诉讼时效的，债权人再次向债务人催讨借款，诉讼时效期间通常是不会重新计算的，除非债权人再次催讨时，债务人明确承诺自己会归还之前的借款。比如，债务人向债权人出具了新的借条，此时诉讼时效期间便可以重新计算。

那么，诉讼时效期间届满后，债权人是不是便不能到法院起诉债务人了呢？答案是否定的，诉讼时效期间届满只意味着债权人有很大可能丧失胜诉权，而非剥夺其诉讼权。在诉讼过程中，法院通常不会主动适用诉讼时效，仅仅在被告提出诉讼时效的抗辩时，法院才会审查诉讼时效。另外，超过了诉讼时效，假如债务人同意偿还之前的借款，也不能以诉讼时效期间届满为由抗辩。当然，已经偿还了借款，债务人也不可以用"诉讼时效已过"为理由，要求债权人返还已经偿还的借款。

本案中，徐某在约定的还款日期没有还款，杨某也知晓徐某的这一行为，但碍于发小关系，此后并未向其催讨。一直到5年后偶然发现徐某出具的借条，才想起自己曾经借款给徐某1万元，向其催讨。但徐某以超过诉讼时效为由拒绝还款，在法院也以此为理由抗辩。所以，在杨某不能提供能够证明自己在三年诉讼时效期间内曾经向徐某催讨的有效证据的前提下，法院驳回了杨某要求徐某还钱的诉讼请求。

【关键证据】

借款人出具的借条；借款期限届满后，向借款人催讨借款的微信聊天记录、电话录音、视频资料；等等。

·法条援引·
《中华人民共和国民法典》

第一百八十八条 向人民法院请求保护民事权利的诉讼时效期间为三年。法律另有规定的，依照其规定。

诉讼时效期间自权利人知道或者应当知道权利受到损害以及义务人之日起计算。法律另有规定的，依照其规定。但是，自权利受到损害之日起超过二十年的，人民法院不予保护，有特殊情况的，人民法院可以根据权利人的申请决定延长。

手写的借条具备法律效力吗

2023 年 3 月，门某为赌博向李某借钱，并出具了一份手写借条，主要内容为：门某因为生意周转困难向李某借款 2 万元，于 2023 年 5 月 5 日一次性还清。门某借钱的目的，李某事先是知道的。2023 年 5 月 5 日后，门某未按时还款，后李某数次催讨，门某都以各种理由推托不还。2023 年 6 月，李某将门某起诉至法院，请求法院判令门某偿还全部借款本金和利息。

【审判结果】

法院经审理认为，根据原告李某提供的其与被告门某的电话录音，双方都明确知晓涉案借款由赌博产生，而并非借条上所书的因为生意周转资金紧张产生。赌博属于违法行为，且违背公序良俗，系无效的民事法律行为。最终，法院驳回了李某的全部诉讼请求。

·解读分析·

遇到困难找人借钱是常有之事，而借钱时，借款人通常会出具一张手写的借条。拿到这张借条后，借款人就觉得万无一失了，放心将钱交到对方手中。其实，手写的借条也未必一定具有法律效力，在以下七种情况下它就是无效的。

1.借条内容并不能体现借款人的真实意愿。当借款人被胁迫、欺骗或者在别人隐瞒了某一关键事实情况下写的借条，是不具备法律效力的。

2.借条中借款人的名字出错，诸如以绰号、小名或者名字中有错别字，放款人需要证明出错的名字是借款人本人以及双方之间确实存在借贷关系，否则借条不具备法律效力。

3.借款人在书写借条时采用消字笔，导致一段时间后借条上的字迹消失，难以证明双方之间存在借贷关系，则借条不具备法律效力。

4.借条并非借款人亲笔书写，甚至连签名也非借款人亲自签署，借条不具备法律效力。

5.未实际发生借贷行为的借条。

6.违反法律、行政法规强制性规定的。

7.违背公序良俗的。

本案中，李某明知门某借款的目的是用于赌博，依旧借钱给对方，且为了掩饰借款用于赌博的行为，二人还虚构了借款用于生意资金周转的借条，则该借条在法律上是无效的。

【关键证据】

能够证明在被胁迫、欺骗或者别人隐瞒某一关键事实情况下写下借条的音频、视频、聊天记录等；能够证明借款人明知借款资金用途违法依旧借款的音频、聊天记录或证人证言；等等。

·法条援引·
《中华人民共和国民法典》

第八条 民事主体从事民事活动，不得违反法律，不得违背公序良俗。

第一百五十三条 违反法律、行政法规的强制性规定的民事法律行为无效。但是，该强制性规定不导致该民事法律行为无效的除外。

违背公序良俗的民事法律行为无效。

朋友借钱不还，怎么把钱要回来

王某和冯某是多年好友，2022年3月3日，冯某通过微信联系王某，称自己在外出了交通事故急需用钱，欲向其借2万元。考虑到冯某是自己的多年好友，之前借钱都能按时偿还，因此，王某当即便通过微信给冯某转账2万元，冯某承诺2022年6月15日还款。但到了2022年6月15日，冯某却没有还款。此后，王某多次向冯某催要，冯某都以"手中暂时没有钱，等几天一定还"为借口推托。王某遂于2023年1月向人民法院提起诉讼，请求法院判令王某偿还借款2万元。

【审判结果】

法院经审理认为，通过双方微信聊天记录可知，被告冯某以急需用钱为由向原告借款2万元，原告王某通过微信转款给被告冯其，且微信显示被告已经收款。之后原告王某多次催要借款，被告冯某都以各种借口拒绝还款。综合各种证据，原告王某和被告冯某之间形成了债权、债务关系。最终，法院根据相关法律规定，判令被告冯某于判决生效之日起十五日内偿还原告借款 2 万元。

·解读分析·

好朋友借钱，碍于情面，通常不好拒绝。但是钱借出去容易，要回来却难，假如朋友借钱不还，我们可以通过以下两种方法追回借款。

方法一：根据有关法律规定，债权人请求债务人给付金钱、有价证券的，只要符合两个条件便可以向有管辖权的基层人民法院申请支付令：债权人和债务人之间没有其他债务纠纷；支付令能够送达债务人。

因此，债权人可以通过向有管辖权的基层人民法院申请支付令，快速催收欠款。通过支付令催收欠款，主要有三个方面的优点：

一是费用相对较低。相对于诉讼费，申请支付令的费用更低，可大幅降低债权人的案件支出成本。

二是期限较短。申请材料递交后，人民法院会在五日内通知债权人是否受理，十五日内作出裁定，假如债务人不提出异议的话便可以生效，大大降低了债权人追讨借款的时间和精力成本。

三是程序相对简单。法院核实债权债务的真实性后，并不需要开庭审理，只要满足相应条件便可签发支付令，省去了诉讼程序中的送达、举证、调解、开庭、宣判等环节。

方法二：朋友借钱不还，还可以通过诉讼追回。虽然诉讼过程比较麻烦，但诉讼追索力度更大，只要有明确的证据，如借条、聊天记录、转账记录等，再提供对方的身份信息，便可以请求法院为我们做主。

诉讼的步骤有六：

第一步，确定管辖。通常情况下，债权人需要到被告户籍所在地基层人民法院起诉。假如债务人在某地连续居住超过一年，也可以去当地人民法院起诉。

第二步，书写起诉状。债权人根据具体案情书写起诉状，或由他人代写，起诉书中要包含事件梗概、原被告详细信息、诉讼请求等主要内容。

第三步，收集证据。将被告出具的欠条、借条，以及债权人和债务人关于借款的相关聊天记录、短信记录、转账记录等证据收集整理，举证时备用。

第四步，提交资料立案。债权人既可以到法院立案大厅提交立案资料，也可以通过各种线上方式提交立案资料。

第五步，开庭审理。债权人向法院提交相关证据资料，陈述案情和观点，请求法院支持自己的诉讼请求。

第六步，申请强制执行。假如胜诉后债务人依旧不偿还借款，债权人可以向人民法院申请强制执行。

【关键证据】

朋友借钱时出具的欠条、借条；双方关于借款事宜的相关聊天记录、短信记录、转账记录；等等。

·法条援引·
《中华人民共和国民法典》

第六百七十五条 借款人应当按照约定的期限返还借款。对借款期限没有约定或者约定不明确，依据本法第五百一十条的规定仍不能确定的，借款人可以随时返还；贷款人可以催告借款人在合理期限内返还。

《中华人民共和国民事诉讼法》

第二百二十五条 债权人请求债务人给付金钱、有价证券，符合下列条件的，可以向有管辖权的基层人民法院申请支付令：

（一）债权人与债务人没有其他债务纠纷的；

（二）支付令能够送达债务人的。

申请书应当写明请求给付金钱或者有价证券的数量和所根据的事实、证据。

被人冒用身份办了信用卡，影响到征信怎么办

2022 年 10 月，汪某因购房到公积金中心办理按揭贷款时，被告知其名下有一张某银行信用卡存在征信不良记录，因此不能办理按揭购房业务。对此，汪某非常疑惑，因为他之前一直未办理过该银行的信用卡。之后经过调查汪某才得知：2019 年，其朋友郭某用汪某的身份证向某银行申办了信用卡，截止到 2022 年 10 月，郭某使用这张信用卡透支本息共计 13 万余元，且逾期未还款导致汪某名下产生了征信不良记录。汪某非常生气，遂向人民法院提起诉讼，请求法院判令某银行消除自己名下的征信不良记录，撤销自己对信用卡逾期金额的偿还责任。

【审判结果】

法院经审理认为，郭某使用汪某的身份证冒办信用卡，某银行未尽到严格审查义务，最终导致汪某的个人信息被郭某冒用，致使汪某产生征信不良记录。因此，汪某要求某银行消除名下征信不良

记录的请求应予支持。郭某持有冒用他人信息办理的信用卡透支使用，造成信用卡还款逾期，郭某应当承担银行的损失，被冒用个人信息的汪某不应承担责任。因此，对汪某主张不承担逾期还款责任的请求，法院予以支持。最终，法院判令汪某对涉案信用卡逾期还款不承担返还责任；某银行于判决生效十日内，撤销已上传到中国人民银行征信系统中涉案信用卡的不良征信记录。

·解读分析·

根据相关法律规定，行为人因为自身过错侵害他人民事权益而造成损失的，应当承担侵权责任。依照法律规定推定行为人有过错，其不能证明自己没有过错的，应当承担侵权责任。行为人造成他人民事权益损害，不论行为人有无过错，法律规定应当承担侵权责任的，依照其规定。具体而言，行为人承担侵权责任的方式可以主要归纳为八种。

1.停止侵害。当行为人因自身过错侵害他人民事权益时，被侵害人有权要求行为人立即停止侵害行为。

2.排除妨碍。当权利人享有的权利受到行为人的阻碍或者妨害时，权利人有权要求行为人排除妨碍，或请求人民法院强制排除妨碍，以确保权利能够正常行使。

3.消除危险。当行为人的过错妨害他人的物权或者可能妨害他人物权时，他人有权要求行为人排除妨害或者消除危险。

4.返还财产。行为人的过错导致他人财产被侵占的，他人有权要求行为人返还被侵占的财产。

5.恢复原状。行为人的过错侵害他人民事权益而造成损失的，他人有权要求行为人将被损害的权利或事物恢复到侵害前的原有状态。

6.赔偿损失。因为自身行为给对方造成损失的，行为人以支付现金的方式进行赔偿。

7.消除影响，恢复名誉。当人身权受到他人侵害时，被侵害人有权要求侵害人在影响所及的范围内，以公开的形式承认错误，澄清事实，消除其造成的不良影响，恢复被侵害人原来的名声、名誉。

8.赔礼道歉。行为人因为自己的过错侵害他人民事权益而造成损失的，被侵害人有权要求行为人赔礼道歉。

另外，根据《中华人民共和国民法典》第二百三十七条的规定，造成不动产或者动产毁损的，权利人可以依法请求修理、重作、更换或者恢复原状。

本案中，郭某使用汪某身份证冒办某银行信用卡，在该信用卡办理过程中，某银行未尽到严格的审查义务，最终导致汪某的个人信息被他人冒用，个人征信出现不良记录。某银行的行为过错损害了汪某的名誉权，应当承担相应的侵权责任，即由该银行消除由此产生的征信不良记录。

【关键证据】

警方出具的个人信息被冒用案件受理回执、结案通知；被他人冒用信用卡导致的征信不良记录；他人冒用自己信息申领信用卡的监控视频；等等。

·法条援引·
《中华人民共和国民法典》

第二百三十七条　造成不动产或者动产毁损的，权利人可以依法请求修理、重作、更换或者恢复原状。

第一千一百六十五条　行为人因过错侵害他人民事权益造成损害的，应当承担侵权责任。

依照法律规定推定行为人有过错，其不能证明自己没有过错的，应当承担侵权责任。

第一千一百六十六条　行为人造成他人民事权益损害，不论行为人有无过错，法律规定应当承担侵权责任的，依照其规定。

第一千一百六十七条　侵权行为危及他人人身、财产安全的，被侵权人有权请求侵权人承担停止侵害、排除妨碍、消除危险等侵权责任。

刷信用卡消费，逾期不还钱，会面临什么后果

杜某向某银行申请办理了一张信用卡，某银行按照信用卡办理的标准程序对杜某进行审核后，认为其满足办理信用卡的相关条件，遂向其发放了一张总额度为 25000 元的信用卡。杜某随后将该信用卡激活，在商场购买了高档手机、电脑等物品，但却没有按期还款。某银行工作人员多次通过电话催要，杜某都以"现在没有钱""过几天就还"等借口推托敷衍。某银行遂向人民法院提起诉讼，请求法院判令杜某偿还欠款本金及利息。

【审判结果】

法院经审理认为，原告某银行和被告杜某在平等协商基础上签订了信用卡领用合约，合约内容是双方当事人真实意思表示，不违背法律、行政法规的强制性规定，因此合法有效。原告某银行和被

告杜某合同关系建立后，原告某银行按照合同约定向被告杜某发放了信用卡，被告杜某使用信用卡消费后应当按照合同约定足额偿还欠款本金和利息。杜某使用信用卡消费后却拒绝承担还款责任的行为构成违约。最终，法院判令被告杜某在判决生效后十五日内支付原告某银行信用卡欠款及利息。

· 解读分析 ·

信用卡是我国银行系统面向资信可靠的单位和个人针对消费、购物等发行的支付工具。个人在向银行申请信用卡时，银行首先会对其资信进行审查，只有符合相关办理条件，银行才会向其发卡。

发卡前，银行会让申领人签订信用卡申领表以及信用卡领用合同，规范彼此在使用信用卡时的相关权利和义务。一旦个人签名并领取到信用卡，个人和发卡银行之间便建立了信用卡合同关系，当事人应当按照合同约定全面履行自己的义务。

因此，信用卡申领人在使用信用卡后，有义务按照信用卡合同约定，按时按期偿还本金及利息。如果持卡人违约，拒绝按照信用卡合同履行还款义务，则需要承担相应的违约责任。

发卡行向人民银行上传持卡人逾期记录，记入征信系统。信用卡持卡人透支后不能按时偿还本金及利息时，发卡行会将持卡人的逾期记录上传到中国人民银行征信中心的数据库。此时，持卡人的征信就会出现不良记录，会对今后的贷款、消费、就职等产生负面影响。

假如持卡人恶意透支，即以非法占有为目的，超过规定限额或者规定期限透支，发卡行催收后仍然不归还本金及利息，那么，根据《中华人民共和国刑法》第一百九十六条之规定，恶意透支数额较大的应当追究刑事责任。司法实践中，五万元以上便被认定为"数额较大"。也就是说，持卡人信用卡透支五万元以上，并且经过发卡行两次有效催收之后超过三个月仍然不偿还本金及利息的，就可能被追究刑事责任。

本案中，杜某向某银行申领信用卡后，刷卡购买高档手机、电脑等物品，却拒绝履行自身的还款义务，属于合同违约行为。因此，法院根据相关法律规定，支持了某银行的诉讼请求，判令杜某偿还刷卡款项和利息。

【关键证据】

持卡人申请信用卡时填写的信用卡申领表、信用卡领用合约等资料；银行在持卡人申请信用卡时，对收取利息、复利、费用、违约金等格式条款履行的提示和说明的音频、视频证据资料；发卡行多次催收的电话录音、微信聊天记录；等等。

·法条援引·
《中华人民共和国民法典》

第五百零九条 当事人应当按照约定全面履行自己的义务。

当事人应当遵循诚信原则，根据合同的性质、目的和交易习惯履行通知、协助、保密等义务。

当事人在履行合同过程中，应当避免浪费资源、污染环境和破坏生态。

信用卡套现违法吗

2019 年，徐某在某市中心位置开设了一家银饰店，2020 年 5 月到 2023 年 6 月期间，其利用银饰店销售点终端 POS 机，以虚构交易的形式为79名信用卡持卡人刷卡套现人民币6263679元，共收取手续费100890元，非法获利61260.8元。2023年7月，徐某被公安机关以非法经营罪刑事拘留，案件侦查结束后，人民检察院以非法经营罪向法院提起公诉。

【审判结果】

法院经审理认为，被告徐某在没有经过主管部门批准的情况下，非法从事资金结算业务，信用卡套现资金累计高达人民币6263679元，情节严重，其行为已经构成非法经营罪。在案件审理期间，被告徐某能够积极退缴账款，认罪认罚，应酌情减轻处罚。最终，法院判决被告徐某犯非法经营罪，判处有期徒刑三年，缓刑三年。

· 解读分析 ·

信用卡套现，是指信用卡持卡人没有通过柜台、自动取款机等合法途径提取现金，而是通过其他途径将卡内的信用额度中资金以现金的方式套取出来的行为。

在司法实践中，信用卡套现情节严重的，通常会涉及两个罪名，即非法经营罪和信用卡诈骗罪。

非法经营罪主要针对的是利用POS机具套现的行为，根据《最高人民法院、最高人民检察院关于办理妨害信用卡管理刑事案件具体应用法律若干问题的解释》的规定，行为人违反国家相关规定，以销售点终端机具（POS机）等方法，采用虚构交易、虚开价格、现金退货等方式向信用卡持卡人直接支付现金，情节严重的，构成非法经营罪。

怎样才算情节严重呢？司法实践中，情节严重主要表现在三个方面：

1. 套现金额超过人民币 100 万元。

2. 造成金融机构资金 20 万元以上逾期未还。

3. 造成金融机构经济损失 10 万元以上。

只要满足其中一个方面，行为人利用 POS 机具套现的行为便会构成非法经营罪，同时面临五年以下有期徒刑或者拘役的刑事责任，并处或者单处违法所得一倍以上五倍以下罚金。

信用卡诈骗罪，主要针对的是恶意透支行为，即持卡人以非法占有为目的，超过固定限额或者规定期限透支，在信用卡发卡银行两次催收后超过三个月仍然拒不归还的，便有可能构成信用卡诈骗罪。

通常，持卡人恶意透支金额超过人民币五万元的，便属于较大金额，可能被法院判处五年以下有期徒刑或拘役，并处二万元以上二十万元以下的罚金。

可见，信用卡套现面临着巨大的法律风险。

【关键证据】

能够证明以虚构交易、虚开价格、现金退货等方式使用 POS 机具套现的音频、视频证据或微信聊天记录等；银行出具的信用卡交易记录；等等。

·法条援引·
《中华人民共和国刑法》

第二百二十五条　违反国家规定，有下列非法经营行为之一，扰乱市场秩序，情节严重的，处五年以下有期徒刑或者拘役，并处或者单处违法所得一倍以上五倍以下罚金；情节特别严重的，处五年以上有期徒刑，并处违法所得一倍以上五倍以下罚金或者没收财产：

（一）未经许可经营法律、行政法规规定的专营、专卖物品或者其他限制买卖的物品的；

（二）买卖进出口许可证、进出口原产地证明以及其他法律、行政法规规定的经营许可证或者批准文件的；

（三）未经国家有关主管部门批准非法经营证券、期货、保险业务的，或者非法从事资金支付结算业务的；

（四）其他严重扰乱市场秩序的非法经营行为。

出借银行卡赚佣金，当心被判刑

2020 年 3 月，宋某经朋友介绍认识了张某。闲谈中，张某告诉宋某自己有"门路"，可以为宋某名下的银行卡找到"雇主"，让宋某"躺着就能赚钱"。听到银行卡借出去就能赚佣金，且在明知对方将银行卡用于信息网络犯罪的情况下，宋某仍然将自己和家人名下的 5 张银行卡借给了张某，并收取了佣金。后来，这 5 张银行卡被用于信息网络犯罪，流入这些银行卡的资金高达 285 万余元，已经查证的涉及诈骗的资金为 92 万余元。2023 年 5 月，宋某被公安机关以帮助信息网络犯罪活动罪刑事拘留，后被人民检察院提起公诉。

【审判结果】

法院经审理认为，被告宋某明知道张某在利用信息网络犯罪，仍然向对方有偿出借银行卡，为对方实施信息网络犯罪提供支付结算等帮助，其行为已经构成帮助信息网络犯罪活动罪。最终，法院判处宋某有期徒刑一年，处罚金1万元，并追缴其犯罪所得。

·解读分析·

随着移动互联技术的发展，信息网络快速渗透在人们的生活和社会各个领域。与此同时，利用信息网络犯罪的情形也越来越多。假如将自己的银行卡、手机卡以及支付宝、微信等第三方支付平台账户等出借、出租、出售或者有偿帮助犯罪分子收钱，都有可能构成"帮信罪"，承担刑事责任。

"帮信罪"全称"帮助信息网络犯罪活动罪"。本案中，宋某明知道张某在利用信息网络犯罪，还是为了赚取佣金将自己和家人的银行卡借了出去，情节非常严重，构成了帮助信息网络犯罪活动罪。

【关键证据】

银行卡所在银行出具的涉案银行卡办理人证明资料；涉案银行卡中属于信息网络犯罪的资金流入流出记录；银行卡出借人知道对方将银行卡用于信息网络犯罪的音频、视频或微信聊天记录；等等。

·法条援引·
《中华人民共和国刑法》

第二百八十七条之二 明知他人利用信息网络实施犯罪，为其犯罪提供互联网接入、服务器托管、网络存储、通讯传输等技术支持，或者提供广告推广、支付结算等帮助，情节严重的，处三年以下有期徒刑或者拘役，并处或者单处罚金。

单位犯前款罪的，对单位判处罚金，并对其直接负责的主管人员和其他直接责任人员，依照第一款的规定处罚。

有前两款行为，同时构成其他犯罪的，依照处罚较重的规定定罪处罚。

转账时误转他人，钱还能要回来吗

高某打开某银行手机 APP，准备向一个朋友偿还借款 5 万元，由于中间接了一个电话，误将 5 万元转给了页面留存有转账记录、曾经有生意往来的郑某。高某在和朋友电话确认时才发现 5 万元转错了人，遂立即打电话给郑某，然而郑某并没有接听。此后，高某多次通过微信、短信、电话等方式试图联系郑某，却发现自己的电话号码、微信已经被其拉黑。无奈之下，高某向人民法院提起诉讼，请求法院判令郑某返还 5 万元。

【审判结果】

法院经审理认为，原告高某因为操作失误，将原本转账给他人的款项误转给被告郑某，被告郑某取得该款项没有法律依据，构成了不当得利，高某作为受损失一方有权要求作为不当得利人的被告郑某返还错误转账的款项。最终，法院依法判决被告郑某返还原告高某 5 万元。

·解读分析·

不当得利，简单地说就是在没有合法依据的前提下获得不当利益，造成他人损失的行为。根据法律规定，除了一些法定情形外，得利人在没有法律依据的情况下所获得的不当得利，受损人可以要求得利人返还所获得的利益。

本案中，高某并不存在向郑某转账的主观意愿，而是因为操作失误，将原本要转给他人的 5 万元转给了郑某。因此，收款人郑某获得的该笔款项属于不当得利，遭受财产损失的高某有权要求郑某返还该笔款项。

在生活和工作中，假如因为失误转错了账，我们可以采用"三步法"追回相关款项。

第一步：及时与收款人沟通，留证。在网上转错账后，要及时和对方取得联系，将具体情况说清楚，请求对方配合将钱转回来。假如对方拒不配合，我们可以将聊天截图、电话录音等保存下来，为后续起诉留存证据。

第二步：向银行或第三方平台求助。有些银行或第三方平台规定转账可以在 24 小时内撤回。因此，在发现转错账后，可以立即到相关银行咨询求助，有相关规定的，请求银行撤销该笔转账。假如相关银行或第三方平台没有 24 小时内撤回转账的规定，也可以请求银行或第三方工作人员介入进行协调，与对方协商退款事宜。

第三步：在沟通协商等方式没有取得预期效果时，可以向收款人所在辖区人民法院提起诉讼，案由为收款人不当得利，请求法院判令收款人返还错汇的款项。起诉时，我们需要向法院提交转账凭证和对方拒不返还相应款项的证据材料。假如我们对收款人所知不多，无法掌握对方的详细个人信息，可以委托律师向人民法院申请调查令进行调查。

【关键证据】

向对方账户转账的转账记录；和收款人就退回错误转账款项相关的微信聊天记录、电话录音等沟通资料；等等。

·法条援引·
《中华人民共和国民法典》

第一百二十二条　因他人没有法律根据，取得不当利益，受损失的人有权请求其返还不当利益。

藏的私房钱，
也属于夫妻共同财产吗

2012 年 4 月，刘某和蔡某登记结婚，两人共同生活期间长期异地分居，到了 2022 年，两人都感觉婚姻缺少激情，彼此之间没有了任何感情。2022 年 10 月，蔡某向法院提起诉讼，请求法院判令自己和刘某离婚。刘某也认为自己和蔡某感情破裂，因此同意了蔡某的离婚请求。庭审期间，蔡某从朋友处得知刘某背着自己藏了一笔 15 万元的私房钱。刘某也承认了这笔钱的存在，但辩称这笔钱是自己的个人财产，是自己十年来省吃俭用节省下来的，故蔡某无权要求分割该笔款项。

【审判结果】

法院经审理认为，被告刘某的 15 万元私房钱，是在婚姻关系存续期间从自己的工资或者其他生活开支中节约下来的。因此，法院最终支持了蔡某的诉讼请求，判令蔡某和刘某均分该笔款项，蔡某获得 7.5 万元。

·解读分析·

私房钱，是夫妻共同生活中，在另一方不知情的情况下，一方隐藏下来的钱财。私房钱是一种婚姻生活中的日常用语，而非法律上的概念。

夫妻共同所有财产，则是指在婚姻关系存续期间，双方各自获得的归夫妻共同所有和支配的财产。夫妻财产是可以约定的，即夫妻双方可以通过书面形式约定婚姻关系存续期间所得财产，以及婚前财产归各自所有、共同所有或者部分各自所有、部分共同所有。

在没有约定的情况下，婚姻关系存续期间所取得的工资、奖金、劳务报酬，生产、经营、投资的收益，知识产权的收益，没有确定只归一方所有的继承或者受赠的财产，以及其他应当归共同所有的财产，都属于夫妻共同所有财产。夫妻双方对夫妻共同所有财产拥有平等的处理权。

可见，通常情况下，私房钱应当属于夫妻共同财产。因为私房钱通常都是在婚姻关系存续期间获得的，其来源通常为夫妻一方的工资、劳务报酬等。但是，假如一方的私房钱属于法律规定的"夫妻一方个人财产"，比如是一方在结婚前积攒下来的财产，则该笔款项不属于夫妻共同所有财产。

本案中，被告刘某的15万元私房钱来源于婚姻关系存续期间的工资所得等，显然属于夫妻共同财产。因此，法院支持了蔡某的诉讼请求，判令蔡某分割其中的7.5万元。

【关键证据】

夫妻一方证明另一方的私房钱是在婚后才积攒出来的音频、视频等资料；能够证明私房钱属于婚前个人积蓄的银行储存单、相关储蓄视频资料或证人证言；等等。

第一千零六十二条　夫妻在婚姻关系存续期间所得的下列财产，为夫妻的共同财产，归夫妻共同所有：

（一）工资、奖金、劳务报酬；

（二）生产、经营、投资的收益；

（三）知识产权的收益；

（四）继承或者受赠的财产，但是本法第一千零六十三条第三项规定的除外；

（五）其他应当归共同所有的财产。

夫妻对共同财产，有平等的处理权。

捡到他人丢失的财物，可以私自处置吗

王某购买了一条某品牌项链，价值6万元，在与朋友逛商场时，不慎将该项链遗失。之后，该项链被逛商场的顾某拾得，其一边查看项链质地，一边离开了扶梯口。王某回家后发现项链遗失，立即到派出所报案。经民警调查商场监控视频后找到了捡走项链的顾某。顾某称捡到项链后觉得是假货，便将其扔在了小区的草坪上，不知道又被谁捡走了。王某则要求顾某返还项链，假如不能返还，则需要照价赔偿自己6万元。双方协商不成，王某遂向法院提起诉讼，请求法院判令顾某照价赔偿自己6万元。

【审判结果】

法院经审理认为，被告顾某在拾得原告王某遗失的项链后，应当返还王某或者送交至相关部门妥善保管。但本案中，被告顾某拾得项链后私自将其带走，并自认已将涉案项链丢弃于小区草坪上。原告王某出示的证据能够充分证明被告顾某拾得涉案项链后未尽到保管义务导致其灭失。因此，原告提出的由被告承担相应民事责任、赔偿相应损失的请求予以支持。但考虑到涉案项链已经佩戴了一年多，最终法院判决被告顾某赔偿原告损失5万元。

·解读分析·

捡到别人丢失的东西后该怎么处理呢？根据相关法律规定，拾得别人丢的物品，不管是现金还是其他财物，都需要返还给失主。假如不知道失主是谁，拾得人则需要将拾得物送到公安等相关部门妥善保管，不能私自带走，也不能私自对拾得物进行处置或据为己有，若造成拾得物毁损、灭失的，则需要承担相应的民事责任。

如果拾得人拾得他人钱款或者财物故意隐匿，拒不归还，在权利人提起刑事诉讼时，拾得人则可能会承担相应的刑事责任。《中华人民共和国刑法》第二百七十条规定，将代为保管的他人财物非法占为己有，数额较大，拒不退还的，处二年以下有期徒刑、拘役或者罚金；数额巨大或者有其他严重情节的，处二年以上五年以下有期徒刑，并处罚金。将他人的遗忘物或者埋藏物非法占为己有，数额较大，拒不交出的，依照前款的规定处罚。

本案中，顾某在拾得项链后既没有寻找失主，将之返还，也没有将项链交给公安、商场物业等机构，而且在将项链带离现场后，还将之丢弃。因此，顾某的行为违反了相关法律规定，且存在重大过失，需要对王某的相关损失承担民事赔偿责任。

【关键证据】

拾得人捡到物品的监控视频；公安机关的出警记录和案件办结回执；拾得人拒不归还遗失物的电话录音、微信聊天记录；等等。

·法条援引·
《中华人民共和国民法典》

第三百一十四条　拾得遗失物，应当返还权利人。拾得人应当及时通知权利人领取，或者送交公安等有关部门。

让人代买彩票中了大奖，奖金归谁

2022年3月，马某和万某在某彩票店相识，双方互加微信。第二天，两个人又加入了一个接龙购买彩票的微信群。由于马某平时工作比较忙，所以经常通过微信委托万某在接龙购买彩票的微信群中购买彩票，常规操作形式是马某先通过微信告诉万某自己要买什么彩票，在该彩票开奖前再以微信红包的方式支付彩票票款。2022年10月的一天，马某再次通过微信委托万某代买彩票，万某立即在接龙购买彩票的微信群中发送了购买彩票的意愿，并向彩票站点客服人员支付了购买彩票的款项。当天开奖后，马某购买的彩票中奖，奖金为50万元。开奖后，马某通过微信红包的方式向万某转账120元，万某点击领取，收下了该笔钱款。但领取奖金后三天，万某便以马某未提前支付购买彩票的钱，中奖彩票为自己花钱购买为由，将马某告上了法庭，请求法院判令马某支付彩票奖金50万元。

【审判结果】

法院经审理认为，在购买涉案彩票前，被告马某通过微信向原告万某发送了购买彩票的具体指令，且此前被告马某曾经多次以此种形式委托原告万某购买彩票，因此可以断定原告万某对被告马某此次所发的购买彩票指令的真实意图清楚明确，即要求万某代为购买彩票，而非提供相应信息让万某自己购买。原告万某在接收到被告马某指令后立即购买了彩票，且在之后收取了马某支付的购买彩票的款项，因此，可以断定马某和万某之间形成了委托关系，开奖前抑或开奖后支付彩票款项并不影响双方委托关系的建立。最终，法院判令驳回原告万某的所有诉讼请求。

·解读分析·

委托合同是委托人和受托人约定，由受托人处理委托人事务的合同。也就是一方委托他人处理事务，他人同意为其处理事务的协议。在委托合同关系中，委托他人为自己处理相关事务的一方称为委托人，接受委托代替委托人做事的称为受托人。

委托合同适用范围非常广泛，它可以在自然人之间、自然人和法人之间、法人和法人之间产生，也可以是特别的委托或者概括的委托。

委托合同最显著的特征是承诺。委托人表达出了将某一事务委托给受托人的意愿后，只要受托人对该委托作出承诺，那么委托合同便会立即确立，并不需要履行特定的形式。

委托合同关系一旦确立，受托人便有向委托人报告委托事务、亲自处理委托事务、转交委托事务所取得财产等义务。

本案中，万某根据马某的指令在接龙购买彩票的微信群中购买彩票，从万某根据马某指令购买彩票的那一刻起，双方之间的委托合同关系便已经建立，而非以马某在彩票开奖前还是开奖后支付购买彩票的费用为依据，所以，马某委托万某购买彩票所获得的奖金，理应归马某所有。

【关键证据】

委托他人处理相关事务且对方承诺处理的电话录音、微信聊天记录、视频等资料；能够证明受托人答应处理相关事务的证人证言；受托人出具的承诺处理相关事务的承诺书；等等。

·法条援引·
《中华人民共和国民法典》

第九百二十七条　受托人处理委托事务取得的财产，应当转交给委托人。

重要资料在邮寄过程中丢失，
能让快递公司赔偿损失吗

关某委托姐姐将自己的硕士毕业证书通过某快递公司从老家邮寄到北京，快递费用18元。邮件寄出后关某一直未收到，经该快递公司查询，发现该邮件在转投递过程中丢失。因为硕士毕业证书丢失后不能补办，所以此后关某需要使用时，必须专门回学校补办相关证明。关某认为，硕士毕业证书的丢失对其后续求职、就业、提干等造成了非常大的负面影响，因此要求该快递公司赔偿多次返校补办证明支出的交通费、住宿费等5000元，并赔偿精神损害抚慰金4000元。某快递公司认为装有关某硕士毕业证书的邮件未保价，按照快递合同只能赔付不超过邮费三倍的费用。协商无果，关某遂向法院提起诉讼，请求法院判令该快递公司赔偿多次返校补办证明支出的交通费、住宿费等5000元，精神损害抚慰金4000元。

【审判结果】

法院经审理认为，关某委托姐姐邮寄硕士毕业证书，交付快递费后，其与某快递公司之间便形成了货物运输合同关系。某快递公司在转投递过程中将关某的硕士毕业证书遗失，属于典型的履约不当，应当对自身过错导致的关某的财产损失以及精神损害给予赔偿。最终，法院判决该快递公司赔偿关某因补办证明而支出的各项费用共计5000元，精神损害抚慰金4000元。

·解读分析·

承运人对运输过程中货物的毁损、灭失需承担赔偿责任。但是，承运人若能证明货物的损毁、灭失是因为不可抗力、货物本身的自然性质或者合理损耗以及托运人、收货人的过错造成的，则可以不承担赔偿责任。

本案中，关某委托姐姐通过某快递公司邮寄硕士毕业证书，在交付运费后，双方之间便建立了合同关系，该硕士毕业证书在运输过程中丢失，该快递公司需要为此承担赔偿责任。

那么，该快递公司需要向关某赔偿多少呢？是按照规定只能赔付三倍邮费，也就是54元吗？根据《中华人民共和国消费者权益保护法》第二十六条的规定，经营者不得以格式条款、通知、声明、店堂告示等方式，作出对消费者不公平、不合理的规定。

所谓格式条款，是当事人为了重复使用而预先拟定，但在订立时没有和当事另一方协商的条款。使用格式条款最大的好处是简便、省时，能够大幅降低交易成本。但提供商品或者服务的一方往往会在格式条款中制定有利于自己的条款，以此摆脱某些应当承担的法律责任。

很明显，该快递公司出具的快递运单上的赔偿限额等属于格式条款，快递企业必须就格式条款对客户进行合理的提示说明。如果快递企业没有履行提示或者说明义务，导致客户没有注意或者理解这些条款，那么这些格式条款对客户不产生效力。另外，快递企业必须对重要的格式条款以醒目的方式印刷，对客户进行提示告知，并取得客户的签字以证明客户知晓该条款。这里还需要说明的是，根据《中华人民共和国邮政法》第四十七条规定："未保价的邮件丢失、损毁或者内件短少的，最高赔偿额不超过所收取资费的3倍。"这样，似乎觉得快递公司赔付三倍快递费是有法可依的。但其实，《中华人民共和国邮政法》适用于邮政企业，即中国邮政集团公司及其提供邮政服务的全资企业、控股企业。也就是说，"三倍资费"赔偿只适用于提供邮政普遍服务的邮政企业，而快递企业是经营性、营利性企业，不属于邮政企业，故不能适用未保价商品最高赔偿不超过邮费三倍的规定。

该快递公司没能将邮件送到关某手中，履行的合同义务不符合约定，造成了关某的损失，损失赔偿额应相当于因违约所造成的损失，以及合同履行后可以获得的利益。因此，关某要求该快递公司赔偿食宿等费用5000元合情合法。

那么，关某要求该快递公司赔偿精神抚慰金是否也有法可依呢？根据《中华人民共和国民法典》第一千一百八十三条的规定，因故意或者重大过失侵害自然人具有人身意义的特定物造成严重精神损害的，被侵权人有权请求精神损害赔偿。硕士毕业证对关某而言便属于具有人身意义的特定物，它代表了关某在学业上的成就，是关某在求职、就业时必须出示的证书。因此，法院判决该快递公司赔偿关某4000元精神抚慰金也合情合法。

【关键证据】

重要资料的快递或专递单据；与快递公司人员沟通过程中，对方承认快递丢失的音频、视频或微信聊天记录；为补办丢失重要资料而产生的相关交通、住宿等费用单据；等等。

·法条援引·
《中华人民共和国民法典》

第八百三十二条　承运人对运输过程中货物的毁损、灭失承担赔偿责任。但是，承运人证明货物的毁损、灭失是因不可抗力、货物本身的自然性质或者合理损耗以及托运人、收货人的过错造成的，不承担赔偿责任。

未经同意，快递员可以私自将邮件放在代收点吗

孙某在某电商平台购买了一部价值6500元的手机，店家发货5天后，孙某仍然未收到，查看物流信息后，孙某才知道包裹早在两天前就已经被签收。孙某很惊讶，也很气愤，遂拨打负责派件的快递员电话，询问自己的包裹为什么显示已经被签收，得到的回复是孙某的电话当时无人接听，所以将包裹放在了物业设置在小区门口的代收点。孙某立即跑到小区门口的代收点找包裹，但没找到。于是，

孙某要求承运包裹的某快递公司承担赔偿责任，但某快递公司认为已经将包裹放在了快递柜中，包裹已经送达，且已经签收，因此自身没有任何过错，不需要承担赔偿责任。协商不成，孙某一纸诉状将某快递公司告上了法庭，请求法院判令某快递公司承担赔偿责任。

【审判结果】

法院经审理认为，根据《快递暂行条例》第二十五条的规定，本案中的某快递公司存在没有将邮件投递到指定收件地址的违规行为，应当承担由此违规行为产生的法律责任。最终，法院判令某快递公司赔偿孙某 6500 元。

·解读分析·

当前，网络购物已经成为大家消费的主要渠道，和快递公司打交道也就成了很多人的日常。那么，快递员为了图方便、多派件，将原本应该送上门签收的邮件放在代收点合规吗？

根据《快递暂行条例》的规定，快递员在派发邮件时，必须将邮件投递到约定的地址、收件人或者收件人指定的代收人，并由收件人或代收人当面验收。假如没有当面验收的条件，快递员是否可以将邮件放在代收点呢？答案是可以，但必须满足一个前提条件，即取得收件人的许可，否则便属于违规行为，需要承担由此造成的责任。

假如快递没有经过收件人当面验收，出现损毁或者其他意外情况，经过投保的，收件人可以向保险公司索赔，没有经过投保的，收件人可以要求快递公司赔偿。

收件人和快递公司发生纠纷的，可以向当地邮政管理部门进行投诉，要求承运货物的快递公司在合理期限内赔偿损失。如果无法达成协议解决问题，收件人则可以向人民法院提起诉讼，请求法院判令快递公司承担违约责任。

【关键证据】

与快递员电话联系咨询快递是否送达的录音；代放点内监控视频；网店指定的投放地址；与快递公司沟通的电话录音、视频、聊天记录；等等。

·法条援引·
《快递暂行条例》

第二十五条　经营快递业务的企业应当将快件投递到约定的收件地址、收件人或者收件人指定的代收人，并告知收件人或者代收人当面验收。收件人或者代收人有权当面验收。

第四章
校园与职场

孩子课间与同学玩闹受伤，学校该担责吗

十三周岁的张某和十二周岁的闻某就读于某学校初中二年级，两人是同班同学。2022 年 5 月的一天上午，刚刚上完数学课，张某起身和前面的同学说话，路过的闻某想捉弄一下张某，遂偷偷将张某的椅子搬到了一边。张某和前面的同学说完话坐下时向后摔倒，后脑碰到旁边的椅子角后躺地不起。事件发生后，班主任和值班巡逻老师第一时间将张某送到了学校医务室并通知了家长。家长到校后，班主任和家长一起将张某送到校外某医科大学附属医院，检查结果为视神经损伤，除了视力急剧下降之外，还伴随头痛、眼睛痛、脖子痛、手痛等症状。最初，闻某的家长很配合，主动垫付了张某的治疗费用，但随着张某治疗费用的不断上涨，闻某的家长不愿再继续承担相关治疗费用。双方协商无果后，张某的父母便以张某的名义向法院提起诉讼，请求闻某父母和学校赔偿张某医疗费、护理费、精神损害抚慰金等共计 15 万元。

【审判结果】

法院经审理认为，根据《中华人民共和国民法典》的相关规定，限制民事行为能力人在学校或者其他教育机构受到人身损害的，学

校是否承担赔偿责任，主要看学校是否尽到了管理和教育职责。根据学校提供的相关证据，张某受伤前，班主任每周班会都会进行安全教育，学校也在班级醒目位置张贴了学生守则，说明学校在日常管理和教育过程中，对学生进行了相关安全教育。原告张某受伤后，班主任和值班巡逻老师在第一时间将张某送到了学校医务室并通知了家长，之后又和家长一起将张某送到了校外医院就医，这也能够证明学校尽到了管理和教育职责。因此，法院对张某父母以张某名义要求学校承担赔偿责任的主张不予支持。闻某偷偷挪动椅子的行为直接导致张某倒地受伤，应当承担相应民事责任。由于闻某仅满十二周岁，属于限制民事行为能力人，因此由闻某的监护人承担侵权责任。最终，法院综合各项因素，判令闻某的家长向张某赔偿医疗费、住院伙食费、护理费、营养费、交通费、精神损害抚慰金等各项费用共计 12 万元。

·解读分析·

在我国，民事行为能力人可以划分为三大类：一类为无民事行为能力人，包括不满八周岁的未成年人和八周岁以上但不能辨认自己行为的未成年或者成年人；一类为限制民事行为能力人，包括八周岁以上但不满十八周岁的未成年人和不能完全辨认自己行为的成年人；一类为完全民事行为能力人，包括精神正常的成年人。需要注意的是，在司法实践中，年满十六周岁，但已经靠自己的劳动收入作为主要生活来源的未成年人，通常会被视为完全民事行为能力人。

因此，当学生在校园内受到伤害时，需要根据其所属的民事行为能力类型来确定起诉主体。假如受伤害学生属于完全民事行为能力人，则可以自己的名义向法院提起诉讼；假如受伤害学生为无民事行为能力人或限制民事行为能力人，则需要其父母作为法定代理人向法院提起诉讼。

对学校来说，当学生在校园内受到伤害时，想要免除自身赔偿责任，需要积极向法院举证，学校是举证主体。特别是当在学校受到伤害的学生为无民事行为能力人时，适用的是过错责任原则中的过错推定原则，学校必须证明自身已经尽到了教育、管理职责，才能免除自身的侵权责任。根据《中华人民共和国民法典》第一千一百九十九条的规定，无民事行为能力人在幼儿园、学校或者其他教育机构学习、生活期间受到人身损害的，幼儿园、学校或者其他教育机构应当承担侵权责任；但是，能够证明尽到教育、管理职责的，不承担侵权责任。

当在学校受到伤害的学生为限制民事行为能力人时，适用过错责任原则中的一般过错责任原则，受害人必须举证证明学校没有尽到管理、教育职责，学校才会承担相应的侵权责任，这种情况下，受害人是举证主体。

在学校无责的情况下，由于其他学生的过错而导致受伤的，可以向过错方追责。过错方为无民事行为能力人、限制民事行为能力人时，受伤的学生可以要求其监护人承担侵权责任。如果监护人尽到了监护责任，法院在审理时会酌情减轻其侵权责任。

本案中，张某受伤前，班主任每次班会都会进行安全教育，学校也在教室醒目位置张贴了行为规范，在张某受伤后班主任立即将其送到医务室，第一时间通知了家长，之后更是和家长一起将张某送到了校外医院。因此，学校的充分举证能够证明自己尽到了管理、教育职责。张某的受伤由闻某的过错导致，由于闻某年满12周岁，属于限制民事行为能力人，因此作为其法定监护人的父母需要承担相应侵权责任。

【关键证据】

学生受伤时的监控视频；学校未能尽到管理、教育职责的音频、视频；班主任工作日志、学生行为规范；等等。

·法条援引·
《中华人民共和国民法典》

第一千二百条　限制民事行为能力人在学校或者其他教育机构学习、生活期间受到人身损害，学校或者其他教育机构未尽到教育、管理职责的，应当承担侵权责任。

孩子在校期间被校外人员伤害，学校要承担什么责任

十三岁的辍学青年钱某因长辈间的矛盾，对六岁的孙某产生了报复心理。2022年9月的一天，钱某手持棒球棍从某小学在建围墙缺口处潜进校园操场，并用棒球棍殴打正在上体育课的孙某，导致孙某的头部、背部严重受伤。孙某当即被送往校外某医院救治，共住院20天，其间，学校垫付医药费共计4万元。孙某出院后，其父母以孙某的名义向人民法院提起诉讼，请求法院判令钱某和其监护人赔偿孙某的医疗费、交通费、住宿费、护理费、营养费、精神损害抚慰金等共计15万元，孙某就读学校承担补充责任。

【审判结果】

法院经审理认为，原告孙某为无民事行为能力人，在校期间受

到被告钱某的人身伤害，原告孙某的损失应当由被告钱某承担侵权责任。鉴于被告钱某属于限制民事行为能力人，其监护人需要承担相应的侵权责任。被告钱某作为校外人员，从某小学在建围墙缺口处轻易进入校园，证明该学校存在管理缺陷。另外，原告孙某被袭击时，正在学校操场上体育课，被告钱某来到上课地点时，体育老师未能及时发现和制止，最终导致孙某被钱某袭击。鉴于此，原告孙某就读学校没有尽到管理责任，应该对原告孙某本次受伤所造成的损失承担相应补充责任。最终，法院判决被告钱某对孙某损失承担全部赔偿责任，被告钱某及其监护人赔偿孙某的医疗费、交通费、住宿费、护理费、营养费、精神损害抚慰金等共计 14 万元；孙某就读学校对孙某上述损失承担 50% 的补充赔偿责任，即 7 万元，扣除先前垫付的医药费 4 万元，还需赔偿 3 万元。

·解读分析·

根据《中华人民共和国民法典》的相关规定，教育机构因为校外人员在校内的侵权行为承担责任，需要满足以下四个要件。

要件一：侵权行为由校外人员直接实施。在教育机构内部实施侵权行为的人必须是校外人员，而非在教育机构学习、生活的无民事行为能力人或者限制民事行为能力人，也不是与教育机构存在雇佣关系的教职员工或其他人员。

要件二：只限于人身损害，不包括财产损失。无民事行为能力人、限制民事行为能力人在教育机构受到校外人员的人身损害，而非财产损失。

要件三：教育机构没有尽到管理职责。在校外人员进入教育机构对校内无民事行为能力人、限制民事行为能力人实施侵害的过程中，教育机构在管理上存在瑕疵或过错。

要件四：教育机构的行为与损害后果之间存在因果联系。教育机构的行为导致校外人员成功进入教育机构内部，未能及时发现和制止，导致在教育机构内部学习和生活的无民事行为能力人、限制民事行为能力人受到了侵害。

本案中，钱某和孙某就读的学校不存在任何雇佣关系，也非该学校就读学生。钱某从学校在建围墙缺口处轻易进入围墙，对正在上体育课的孙某实施人身伤害，体育老师没有及时发现和制止，都证明该学校没有尽到管理职责。因此，该学校需要对孙某的损失承担补充责任。

【关键证据】

校外人员在学校等教育机构内实施人身损害的监控视频；学校未能尽到管理职责的相关照片、视频或证人证言；等等。

·法条援引·
《中华人民共和国民法典》

第一千二百零一条　无民事行为能力人或者限制民事行为能力人在幼儿园、学校或者其他教育机构学习、生活期间，受到幼儿园、学校或者其他教育机构以外的第三人人身损害的，由第三人承担侵权责任；幼儿园、学校或者其他教育机构未尽到管理职责的，承担相应的补充责任。幼儿园、学校或者其他教育机构承担补充责任后，可以向第三人追偿。

孩子在校遭受霸凌，家长该如何追责

十三周岁的杜某和十二周岁的陈某为某初中二年级同班同学，在校期间，身材高大的杜某经常因为一些小事欺凌瘦弱的陈某。2023 年 5 月，杜某要求陈某为其抄写数学作业，陈某以"自己的作业还没写完，没时间"为由拒绝。杜某认为陈某故意不给自己面子，于是在课间休息时趁陈某不注意突然踢打陈某的头部、腹部和腿部，致使陈某倒地昏迷。后陈某被诊断为创伤后应激障碍、焦虑抑郁状态，不得不住院治疗。陈某父母遂以陈某的名义向人民法院提起诉讼，请求法院判令杜某及其监护人赔偿陈某的医疗费、交通费、住宿费、营养费、精神损害抚慰金等共计 15 万元。

【审判结果】

法院经审理认为，行为人因自身过错侵害他人身体健康造成损害的，应当承担侵权责任。本案中，被告杜某故意殴打陈某导致其受伤的行为，已经构成侵权。因此，对原告陈某提出的由杜某赔偿其损失的诉求给予支持。陈某被杜某打伤入院后，被诊断为创伤后应激障碍和焦虑抑郁状态，据此，可以认定陈某在精神上受到了严重损害。最终，法院综合案件实际情况、陈某伤情等因素，判决被告杜某及其监护人赔偿陈某各项费用 13 万元，其中精神损害抚慰金 2 万元。

·解读分析·

对校园霸凌者，被霸凌学生家长可以从刑事和民事两个方面追究霸凌者的侵权责任。

当霸凌者实施的霸凌行为非常严重，导致被霸凌者受到比较严重的人身伤害时，其可能要承担刑事责任。

根据《中华人民共和国刑法》的相关规定，未满十二周岁的未成年人不会因为其侵权行为承担刑事责任。已经满十二周岁但不满十四周岁的未成年人，犯故意杀人、故意伤害罪，导致他人死亡或者以特别残忍手段导致他人重伤造成严重残疾，情节恶劣，经最高人民检察院核准追诉的；已满十四周岁不满十六周岁的未成年人，犯故意杀人、故意伤害致人重伤或者死亡、强奸、抢劫、贩卖毒品、放火、爆炸、投放危险物质罪的，应当负刑事责任。已满十六周岁的人犯罪，应当负刑事责任。

可见，未成年人并非违法犯罪的"免罪金牌"，当校园霸凌者年龄达到十六周岁或者已满十二周岁且犯罪情节特别恶劣时，便会承担相应的刑事责任。

校园霸凌者不构成刑事责任就"万事大吉"了吗？答案是否定的，假如校园霸凌者的霸凌行为令他人受到人身或者精神伤害，其还会承担相应的民事法律责任和行政法律责任。

民事法律责任。假如校园霸凌行为造成他人人身或者财产损害，霸凌者及其监护人需要承担相应的侵权赔偿责任。

行政法律责任。如果霸凌者已满十四周岁不满十八周岁，对他人实施了殴打、故意伤害等行为，根据《中华人民共和国治安管理处罚法》，霸凌者可能会受到行政处罚，诸如警告、罚款等。

本案中，杜某对陈某的霸凌行为导致陈某的身体和精神都受到了较为严重的伤害，需要对此承担相应的民事法律责任。但因为其为限制民事行为能力人，因此作为杜某法定监护人的父母需要代其承担相应的损害赔偿责任。

【关键证据】

被霸凌的监控视频、音频、证人证言等；警方出警记录和结案回执；医院诊断证明、住院结算单据；等等。

·法条援引·
《中华人民共和国民法典》

第一千一百八十八条　无民事行为能力人、限制民事行为能力人造成他人损害的，由监护人承担侵权责任。监护人尽到监护职责的，可以减轻其侵权责任。

有财产的无民事行为能力人、限制民事行为能力人造成他人损害的，从本人财产中支付赔偿费用；不足部分，由监护人赔偿。

试用期内未进行考核被解雇，
能要求公司赔偿吗

刘某与某互联网公司签订了为期三年的劳动合同，负责新媒体运营和用户运营，双方在合同中约定试用期为三个月。但试用期刚刚结束，刘某便收到了公司人力资源部门发来的电子邮件，认为其考核不合格，不适合新媒体运营和用户运营岗位，未能通过试用期考核，和其解除劳动合同。刘某认为自己在三个月的试用期内表现良好，并不存在所谓"考核不合格"的情况。随后，刘某向劳动人事争议仲裁委员会提起仲裁，请求裁定该互联网公司解除合同违法，赔偿自己的相应损失。因劳动人事争议仲裁委员会未支持其诉求，刘某遂向人民法院提起诉讼，请求法院判令该互联网公司解除合同违法，并向自己支付相应赔偿金。

【审判结果】

法院经审理认为，被告某互联网公司以原告刘某考核不合格为由通知与其解除劳动合同，但该公司向法院提交的新媒体后台数据和用户运营数据，并不能直接证明刘某存在不适合该岗位的情形。某互联网公司试用期考核应当具有明确、量化、客观的考评标准。被告某互联网公司在没有明确、客观的考核内容和考核结果的情况下，以原告刘某试用期考核不合格为由解除劳动合同系违法解除。最终，法院根据《中华人民共和国劳动合同法》相关条文，判决某互联网公司向刘某支付违法解除劳动合同经济赔偿 1.7 万元。

·解读分析·

"试用"二字，并不意味着用人单位可以随意解雇试用期员工。相关劳动法律法规，对试用期员工同样适用，若随意解雇，用人单位便可能触碰"非法解除劳动合同"红线，向被解雇试用期员工支付巨额赔偿金。

某互联网公司在和刘某的劳动争议中犯了两个错误：

第一，未在劳动合同中约定明确的录用条件。在和刘某签订劳动合同时，某互联网公司未和刘某约定"达不到什么标准"或"达不到何种目标"不予录用的条款，致使在解除与刘某的劳动合同时，让自己陷于被动。

第二，未在试用期内对刘某进行考核。在刘某试用期内，某互联网公司未能对其进行量化考核，没有掌握其不能胜任岗位的令人信服的证据，导致试用期结束后不能以"不符合录用条件"为由解除劳动合同。因此，在刘某向法院提起诉讼后，某互联网公司便毫无招架之力，最终败诉。

用人单位在解雇不合格试用期员工时，如何才能避免触碰"非法解除劳动合同"的红线呢？其实用人单位只要做好四点即可。

1.签订劳动合同时，约定明确的录用条件。用人单位能不能解雇试用期员工，最主要的一个依据是证明其"不符合录用条件"，这是《中华人民共和国劳动合同法》赋予用人单位的权利。因此，在和劳动者签订劳动合同时，用人单位要明确录用条件。明确的录用条件，可以是达到某些考核标准，也可以是胜任某一项工作，客户好评率达到某个比例。

2.对劳动者试用期到期日进行统一管理。企业应设立专职人员管理试用期员工，试用期到期前一周，要及时通知试用期员工写出述职报告，并在试用期届满前通知其是否通过考核。用人单位也可以放弃剩余试用期，提前通知劳动者合格、转正。

3.保留考核相关的依据。考核相关的依据，主要包括能够证明试用期员工工作情况的文件、材料，用人单位规章制度中明确试用期内不符合录用条件的详细规定，业务部门和人力资源部门、总经理等高级管理人员，对试用期员工在试用期内表现的意见、评价和认为其是否符合录用条件的结论。需要注意的是，被证实不符合录用条件的内容，可以由用人单位人事或者律师起草，但必须有"试用期内表现经用人单位考核结果为不合格"这一关键内容，且上述考评意见和结论都不需要经过试用期员工本人同意，也不需要其签字确认。

4.以书面形式送达解除劳动合同通知。试用期内考评不合格的员工，用人单位要以书面通知的形式送达解除劳动合同通知，且必须在试用期到期之前完成。

【关键证据】

公司不能证明试用期员工工作情况的文件、音频、视频等资料；公司规章制度中未明确试用期内部符合录用条件的规定；业务部门和人力资源部门、总经理等高级管理人员对试用期员工在试用期内表现的意见、评价和认为其表现优秀的结论；等等。

·法条援引·
《中华人民共和国劳动合同法》

第三十九条　劳动者有下列情形之一的，用人单位可以解除劳动合同：

（一）在试用期间被证明不符合录用条件的；

（二）严重违反用人单位的规章制度的；

（三）严重失职，营私舞弊，给用人单位造成重大损害的；

（四）劳动者同时与其他用人单位建立劳动关系，对完成本单位的工作任务造成严重影响，或者经用人单位提出，拒不改正的；

（五）因本法第二十六条第一款第一项规定的情形致使劳动合同无效的；

（六）被依法追究刑事责任的。

试用期内，公司不给缴纳社保合法吗

2023年6月2日，赵某入职某物业公司，签订了三年劳动合同，约定试用期三个月，考核合格后转正。2023年8月，赵某因为身体不适到医院就诊，才发现单位未为自己缴纳社会保险。赵某遂到公司人事部门询问，被告知"试用期没有社保，转正后才会缴纳"。赵某在要求公司为自己缴纳社保的请求被拒绝后，以该物业公司未给自己缴纳社会保险为由，向该物业公司递交了解除劳动合同通知书。随后，赵某向劳动人事争议仲裁委员会申请仲裁，请求裁定该物业公司支付解除劳动合同的经济补偿，并补缴自己在职期间的社会保险。劳动人事争议仲裁委员会未受理，赵某遂向人民法院提起诉讼，请求法院判令该物业公司支付解除劳动合同的经济补偿，并补缴自己在职期间的社会保险。

【审判结果】

法院经审理认为，为劳动者缴纳社会保险是用人单位的法定义务。根据《中华人民共和国劳动合同法》和《中华人民共和国社会保险法》规定，试用期包含在劳动关系中，用人单位应当自用工之日起 30 日内，为员工向社会保险经办机构申请办理社会保险登记。因此，法院对赵某以某物业公司未缴纳社会保险为由提出的解除劳动合同，并要求该物业公司支付经济补偿、补缴社会保险的请求，予以支持。

·解读分析·

很多公司之所以不为试用期员工缴纳社保，主要存在两方面的误区。

第一，试用期不包含在劳动合同期限内。很多公司想当然地认为试用期不包含在劳动合同内，若试用期员工不符合录用条件，为其缴纳社会保险的话，公司就会产生损失。其实，根据《中华人民共和国劳动合同法》的相关规定，试用期是包含在劳动合同内的，因此，公司需要为试用期员工足额缴纳社会保险。

第二，为试用期员工缴纳社保会增加公司运营成本。虽然从表面上看，为试用期员工缴纳社保会在一定程度上增加公司的运营成本，但从增加公司美誉度、用工吸引力以及预防安全事故等方面看，为试用期员工缴纳社会保险，其实并不"亏本"。

因此，试用期员工的社保要与正式员工一样正常缴纳。假如企业不为试用期员工缴纳社保，可能促使员工以此为理由解除劳动合同，并要求支付数额较大的赔偿金，且要求补缴社会保险。

社会保险是国家为保障劳动者而实行的强制性保险，劳动关系一旦建立，用人单位就必须为员工办理社会保险。因此，员工在试用期也有权享受各项社会保险。

在为试用期员工缴纳社会保险时不能打折扣，比如，只为其缴纳养老保险或者医疗保险，否则试用期员工依然可以解除劳动合同并要求企业支付赔偿金以及补缴所有社会保险。

【关键证据】

劳动合同中关于社保缴纳的相关条款；和公司就社保缴纳事宜沟通的音频、视频资料以及微信聊天记录等；社保经办部门出具的员工社保缴存记录；等等。

·法条援引·
《中华人民共和国劳动合同法》

第十九条 劳动合同期限三个月以上不满一年的，试用期不得超过一个月；劳动合同期限一年以上不满三年的，试用期不得超过二个月；三年以上固定期限和无固定期限的劳动合同，试用期不得超过六个月。

同一用人单位与同一劳动者只能约定一次试用期。

以完成一定工作任务为期限的劳动合同或者劳动合同期限不满三个月的，不得约定试用期。

试用期包含在劳动合同期限内。劳动合同仅约定试用期的，试用期不成立，该期限为劳动合同期限。

公司采用"末位淘汰制"合法吗

2022 年 3 月 10 日，王某入职某汽车销售公司，双方签订了三年劳动合同，约定王某月薪 8000 元。2022 年 12 月 30 日，该汽车销售公司公布年终考评结果，王某综合评分为 60.66 分，在同岗位员工中位列倒数第一。该汽车销售公司对王某劝退未果，将其工资标准降为每月 4000 元。2023 年 3 月 10 日，公司将王某安排到下属的一家 4S 店培训，以提升其销售能力。王某对公司的做法提出异议，继续在原工作地点上班，该汽车销售公司据此认定王某的行为属于旷工。2023 年 5 月 11 日，该汽车销售公司向王某出具解除劳动关系告知书，通知其因 2022 年度绩效考评倒数第一且拒不参加培训，公司决定自 2023 年 5 月 11 日起解除双方劳动关系。王某不服，向劳动人事争议仲裁委员会申请仲裁，请求裁决该汽车销售公司支付违法解除劳动关系赔偿金，得到劳动人事争议仲裁委员会支持。该汽车销售公司不服，向法院提起诉讼，辩称根据公司《员工手册》中"年度绩效考核"规定，公司每年绩效考核一次，末位淘汰，因此，公司有权解除王某劳动合同且不需支付任何赔偿金。

【审判结果】

法院经审理认为，虽然企业拥有经营自主权，可制定内部规章制度，但需依法向员工公示。原告某汽车销售公司不能举证《员工手册》已经向员工公示，据此，对被告王某降薪没有根据。另外，有证据证明，该汽车销售公司其他被安排培训的员工并未在指定地点培训，仅王某一人被要求去培训地打卡，且期间王某一直在原工作地点工作。因此，该汽车销售公司以旷工为由解除与王某的劳动合同违法。最终，法院判决该汽车销售公司向王某支付违法解除劳动合同赔偿金。

· 解读分析 ·

某汽车销售公司实行的末位淘汰制，为何不被法院认可呢？

第一，未进行公示。用人单位能不能将末位淘汰制写进规章制度中，以此鞭策员工，提升他们的工作效率呢？答案是可以的，但必须提前公示。未提前公示，便要求员工遵守，并以此为根据对员工进行调岗、降薪甚至辞退，不会受到法院支持。

第二，未对王某进行再培训。用人单位的末位淘汰制即便经过民主议定程序制定，并且向员工做了公示，但是在员工业绩考核不理想，且在经过培训或者调整工作岗位，员工仍然不能胜任工作时，才能解除劳动合同。王某未经过培训便被解除劳动关系，该汽车销售公司的做法显然违法。

那么，在什么情况下，用人单位可以无风险地实行末位淘汰制呢？

1. 将末位淘汰制写进劳动合同或作为劳动合同的副本。用人单位可以将末位淘汰制相关条款在劳动合同中以专门条款列出，或者将包含末位淘汰制条款的《员工手册》作为劳动合同副本，在劳动者签订劳动合同时，要求劳动者现场阅读，并在阅读确认书上签字确认。

2.对绩效考核末位劳动者进行培训或调岗。劳动者绩效考核末位，并不能立即解除劳动合同，而是应对其进行劳动技能提升培训，或者调岗，假如其仍然不能胜任工作，才能解除劳动合同。需要注意的是，用人单位需要保留培训和劳动者不能胜任工作的证据，要能充分举证劳动者不符合录用条件。

【关键证据】

用人单位未提前公示末位淘汰制度的相关音频、视频资料或证人证言；用人单位在员工考核不理想的情况下未对员工进行再培训的音频、视频资料或证人证言；等等。

·法条援引·
《中华人民共和国劳动合同法》

第四条 用人单位应当依法建立和完善劳动规章制度，保障劳动者享有劳动权利、履行劳动义务。

用人单位在制定、修改或者决定有关劳动报酬、工作时间、休息休假、劳动安全卫生、保险福利、职工培训、劳动纪律以及劳动定额管理等直接涉及劳动者切身利益的规章制度或者重大事项时，应当经职工代表大会或者全体职工讨论，提出方案和意见，与工会或者职工代表平等协商确定。

在规章制度和重大事项决定实施过程中，工会或者职工认为不适当的，有权向用人单位提出，通过协商予以修改完善。

用人单位应当将直接涉及劳动者切身利益的规章制度和重大事项决定公示，或者告知劳动者。

第四十条 有下列情形之一的，用人单位提前三十日以书面形式通知劳动者本人或者额外支付劳动者一个月工资后，可以解除劳动合同：

（一）劳动者患病或者非因工负伤，在规定的医疗期满后不能从事原工作，也不能从事由用人单位另行安排的工作的；

（二）劳动者不能胜任工作，经过培训或者调整工作岗位，仍不能胜任工作的；

（三）劳动合同订立时所依据的客观情况发生重大变化，致使劳动合同无法履行，经用人单位与劳动者协商，未能就变更劳动合同内容达成协议的。

因生病长时间不能上班被辞退，可以要求公司赔偿吗

2020 年 11 月 11 日，宗某和某财务公司签订了劳动合同书，主要负责公司财务审计岗，每月基本工资为 28000 元。2021 年 10 月，宗某被确诊为抑郁症，医生叮嘱其要多休息，不能受刺激。为了养好病，宗某遂向公司提交了抑郁症诊断证明书等相关文件，要求休病假。2021 年 10 月 10 日，该财务公司批准宗某休病假。2022 年 2 月 20 日，该财务公司向宗某发送了书面通知，认为其之前提交的病假文件缺少心理治疗凭证、医药费凭据、心理治疗材料、精神分析治疗材料，将其不能到岗行为视为旷工，按照公司规章制度解除和宗某的劳动关系。宗某不服，遂向法院提起诉讼，请求法院判决该财务公司支付违法解除劳动合同赔偿金 63 万元。

【审判结果】

法院经审理认为，原告宗某向被告某财务公司提交的诊断证明书真实可信，能够有效证明其患有抑郁症，且医生嘱咐其静养。宗某的患病信息属于个人隐私，受到法律保护，该财务公司后来要求提供的心理治疗材料、精神分析治疗材料等侵犯宗某个人隐私。最终，法院依法判决该财务公司解除与宗某的劳动合同违法，向宗某支付违法解除劳动关系赔偿金63万元。

·解读分析·

该财务公司在和宗某的劳动争议与诉讼中，犯了两个错误。

第一，未审慎批准病假，未约定病假截止日期。该财务公司在宗某请病假时，未能审慎决定，在宗某未能提供全部病情材料的前提下批准了病假，且未以书面形式约定明确的病假截止日期，让自身在今后出现的劳动争议和诉讼中陷入了不利境地。

第二，在没有明显证据的情况下，将宗某病假指定为"旷工"。宗某长期患病，不能为公司生产和经营作贡献，对该财务公司而言是经济负担。该财务公司意图证明宗某患病是假，但手中却未掌握明显的证据，便将其病假视为旷工，以此为理由解除劳动合同非常不明智。

患病员工长期休假无法从事生产活动，会提升用人单位的运营风险。那么，面对这一用工风险，用人单位应当如何应对呢？

1.降低员工患病风险。既然员工患病，会增加用人单位的运营成本，那么，对用人单位而言，就要未雨绸缪，提前预防。用人单位可以腾出专门的空间，提供专业健身器材，鼓励员工在非工作时间内锻炼身体，保持身体健康。

2.审慎批准病假。病假一旦批准，便意味着员工可以带薪休养，用人单位若想干预，无任何法律依据。因此，为了避免出现因病假产生的劳动争议，用人单位在批准病假时，要做好调查，资料齐全后再批准。

3.病假期间按时发放基本工资。员工病假期间，用人单位要按时发放基本工资，并缴纳社保，绩效工资、岗位补贴及奖金等则可按照实际劳动时间和具体贡献灵活发放。

【关键证据】

医院出具的诊断证明书；公司批准病假的聊天记录、电话录音或假条；等等。

·法条援引·
《中华人民共和国劳动合同法》

第四十二条　劳动者有下列情形之一的，用人单位不得依照本法第四十条、第四十一条的规定解除劳动合同：

（一）从事接触职业病危害作业的劳动者未进行离岗前职业健康检查，或者疑似职业病病人在诊断或者医学观察期间的；

（二）在本单位患职业病或者因工负伤并被确认丧失或者部分丧失劳动能力的；

（三）患病或者非因工负伤，在规定的医疗期内的；

（四）女职工在孕期、产期、哺乳期的；

（五）在本单位连续工作满十五年，且距法定退休年龄不足五年的；

（六）法律、行政法规规定的其他情形。

劳动合同到期前怀孕，
公司可以不续签吗

张某入职某公司，双方签订了三年期劳动合同，劳动合同期限为 2020 年 6 月 1 日到 2023 年 6 月 1 日。2023 年 4 月，张某经过医院检查确认怀孕。2023 年 5 月 1 日，该公司以劳动合同期满不再续签为由，通知一个月后将和张某终止劳动合同。张某对该公司的做法并不认可，遂向劳动人事争议仲裁委员会申请仲裁，请求裁定恢复自己和该公司的劳动关系，继续履行劳动合同。劳动人事争议仲裁委员会经过调查后，作出了支持张某的仲裁。该公司不服，向人民法院提起诉讼，请求法院判决撤销劳动人事争议仲裁委员会的仲裁。

【审判结果】

法院经审理认为，张某和某公司签订的劳动合同到期时，张某经过医院检查确认怀孕，根据《中华人民共和国劳动合同法》第四十二条之规定，该公司不得解除与张某签订的劳动合同。最终，法院驳回了该公司的诉讼请求。

·解读分析·

员工和用人单位签订的劳动合同到期后，双方都有权决定是否续签，用人单位不想续签的，只要提前一个月通知员工即可。但假如员工此时正处于孕期、产期、哺乳期的，根据我国相关法律规定，则不能解除劳动合同，除非对方存在重大过失，给公司造成了重大损失。

如果用人单位违法解除劳动合同，则可能面临两种法律后果：

1.员工要求继续履行劳动合同,恢复劳动关系。处于孕期、产期、哺乳期的员工有权要求恢复劳动关系,继续履行劳动合同。

2.不继续履行劳动合同,按照经济补偿标准的两倍支付赔偿金。经济补偿标准是员工在用人单位工作每满一年支付一个月工资。

本案中,张某经医院检查确认怀孕,某公司此时想要与其解除劳动合同,显然违法,所以法院驳回了该公司的诉讼请求。

【关键证据】

医院出具的怀孕诊断书;处于孕期、产期、哺乳期的证人证言;用人单位解除劳动合同的通知书;等等。

·法条援引·
《中华人民共和国劳动合同法》

第四十二条 劳动者有下列情形之一的,用人单位不得依照本法第四十条、第四十一条的规定解除劳动合同:

(一)从事接触职业病危害作业的劳动者未进行离岗前职业健康检查,或者疑似职业病病人在诊断或者医学观察期间的;

(二)在本单位患职业病或者因工负伤并被确认丧失或者部分丧失劳动能力的;

(三)患病或者非因工负伤,在规定的医疗期内的;

(四)女职工在孕期、产期、哺乳期的;

(五)在本单位连续工作满十五年,且距法定退休年龄不足五年的;

(六)法律、行政法规规定的其他情形。

第四十五条 劳动合同期满,有本法第四十二条规定情形之一的,劳动合同应当续延至相应的情形消失时终止。但是,本法第四十二条第二项规定丧失或者部分丧失劳动能力劳动者的劳动合同的终止，按照国家有关工伤保险的规定执行。

被上司或者同事性骚扰应当如何维权

周某和马某为某医药公司同事，马某为销售团队负责人，周某为团队成员。2023年6月上班期间，周某收到马某的微信信息，点开后发现是一幅带有明显性暗示的图片。周某随即回复信息，制止马某继续发送，马某也保证以后"不会再发了"。但随后一个月，马某仍然多次通过微信、短信向周某发送骚扰信息，在每次周某制止后，马某都作出"绝不再发"的保证，但隔几天还会再次发送。马某的持续骚扰让周某的精神一度处于高度紧张状态，导致失眠、抑郁等精神损害。最终，周某向人民法院提起诉讼，请求法院判令马某赔礼道歉，并赔偿精神损害抚慰金。

【审判结果】

法院经审理认为，被告马某在工作时间向原告周某发送带有明显性暗示的图片和文字，且在原告周某表示不满并制止其行为后，仍然继续向原告发送骚扰信息。这些信息超出了工作范围，给原告的生活和工作带来了较大伤害。因此，原告提出的马某对其性骚扰的指控应予支持。最终，法院判决被告马某向原告周某赔礼道歉，并赔偿原告周某精神损害抚慰金6000元。

·解读分析·

《中华人民共和国民法典》明确禁止对他人实施性骚扰，否则骚扰者需要承担相应的民事责任。

在司法实践中，行为人实施的骚扰需要满足三个要件才会构成性骚扰。

要件一：行为人具有性本质的内容。行为人必须以语言、文字、图像、肢体行为等对他人实施了与性相关的骚扰行为，比如向他人发送具有明显性内容或性暗示的文字、语言或者视频资料。

要件二：必须指向特定的人。骚扰的主体不限于女性，男性也可能成为骚扰的对象。即当事人受到了冒犯、胁迫、羞辱，导致了不良的心理感受或者敌意、不友好的工作（学习）环境。

要件三：必须违背受害人的意愿。受害人对行为人的骚扰不满、不欢迎，迫于压力而"自愿"的行为也会被视为违背受害人意愿的行为。

性骚扰的主要表现形式有四种。

1.言语形式的性骚扰。这种骚扰形式包括：当面评论一个人身体的敏感部位；令人厌恶的性挑逗；和性有关联的各种下流笑话；其他各种不受欢迎的与性相关的言语和话题。

2.文字形式的性骚扰。行为人通过信件、手机短信、微信、电子邮件、传真等，多次向受害人发送侮辱、涉性内容的文字。

3.图像形式的性骚扰。行为人通过微信、彩信、电子邮件、微博等形式，多次向受害人发送或者展示涉性图片、视频等。

4.肢体形式的性骚扰。行为人违背受害人意愿拍打、捏、抚摸、亲吻、搂抱、爱抚或者不恰当地触摸其敏感部位；要求受害人与自己发生不正当性关系；使用和工作相关的威胁或者奖励要求受害人性回报；对受害人做出猥亵动作或者暴露性器官等。

本案中，马某在工作时间通过微信向周某发送带有明显性暗示的图片，在周某明确表示不满并要求其停止骚扰后，马某又多次向周某发送骚扰信息，导致周某出现失眠、抑郁等精神损害，是一种典型的性骚扰行为。

【关键证据】

短信、微信聊天记录、电话录音、监控视频、书信照片；相关证人证言；单位开具的证明、调解记录；医院出具的诊疗记录或鉴定报告；等等。

·法条援引·
《中华人民共和国民法典》

第一千零一十条 违背他人意愿，以言语、文字、图像、肢体行为等方式对他人实施性骚扰的，受害人有权依法请求行为人承担民事责任。

机关、企业、学校等单位应当采取合理的预防、受理投诉、调查处置等措施，防止和制止利用职权、从属关系等实施性骚扰。

领导要求员工加班，员工可以拒绝吗

王某为某公司员工，平时工作非常忙碌，好在下班后有属于自己的时间，能够放松一下。2022年10月的一个周五晚上，公司领导给王某打电话，要求其周六到公司对接一位比较重要的客户。王某之前已经跟这位客户将所有事情对接过了，她实在想不出周六加班的必要性，因此便发了一条朋友圈：各位合作伙伴，周末你们不休息我可休息啊，麻烦周末不要给我打电话！但王某发的这条拒绝加班的朋友圈，却被公司认定为"违反了岗位要求，损害了公司形象"，因此公司以"王某给公司造成了严重负面影响"为由，解除了与王某的劳动合同。王某不服，在劳动人事争议仲裁委员会调解无果后，向人民法院提起诉讼，要求该公司支付违法解除劳动合同的赔偿金。

【审判结果】

法院经审理认为，王某发布的朋友圈在内容上仅仅属于一种拒绝加班的抱怨，并没有对某公司形象造成严重影响，也未达到消极怠工、玩忽职守、不服从管理和工作安排的程度，因此某公司认定王某发布在微信朋友圈的内容对其造成严重负面影响缺乏事实依据，以此为理由解除劳动合同违法。最终，法院判决该公司向王某支付违法解除劳动合同赔偿金 5 万元。

·解读分析·

职场加班，很多时候都是员工自愿的，即上班时间内没有及时完成工作任务，为了不耽误第二天的工作，主动在下班后留下来继续工作。当然，单位领导安排员工加班的情况也不少，那么，当领导安排加班时，员工能不能拒绝呢？

根据《中华人民共和国劳动法》的相关规定，领导想要安排员工加班，必须和员工协商，在员工同意后才能安排相应的加班任务，且加班时间不能超出规定。假如员工拒绝加班，领导不能强迫，更不能以员工拒绝加班违反公司管理制度为由解除劳动合同关系，否则便需要向员工支付违法解除劳动合同赔偿金。

当然，在以下一些特殊情况下，领导也可以不与员工协商，且加班时间没有限制。

1. 发生自然灾害、事故或者其他原因，威胁劳动者生命健康和财产安全，需要紧急处理的。

2.生产设备、交通运输线路、公共设施发生故障，影响生产和公众利益，必须及时抢修的。

3.法律、行政法规规定的其他情形。

【关键证据】

能够证明领导未同员工协商一致便强迫员工加班的音频、视频资料；微信聊天记录、QQ聊天记录；等等。

·法条援引·
《中华人民共和国劳动法》

第四十一条　用人单位由于生产经营需要，经与工会和劳动者协商后可以延长工作时间，一般每日不得超过一小时；因特殊原因需要延长工作时间的，在保障劳动者身体健康的条件下延长工作时间每日不得超过三小时，但是每月不得超过三十六小时。

非工作时间处理工作事务算加班吗

2023年4月，刘某入职某信息咨询公司，担任客户经理一职，双方签订了一年期劳动合同。工作期间，该公司经常要求刘某在下班、周末、法定节假日等非工作时间，在微信群、钉钉上回复客户问题，处理相关事务。2024年3月，该信息咨询公司以劳动合同到期不续签为由，通知刘某将在一个月后解除与其签订的劳动合同。2024年4月双方解除劳动合同后，刘某将该信息咨询公司告上了法庭，要求该信息咨询公司赔偿自己在下班、周末和法定节假日的非工作时间在微信群和钉钉上加班的加班工资 2 万元。

【审判结果】

法院经审理认为，根据原告刘某提供的微信聊天记录、钉钉打卡记录截图以及某信息咨询公司制定的《假期社群官方账号值班表》等证据，可以认定该公司安排刘某在下班时间、周末和法定节假日工作具有周期性与固定性特点，有别于临时性、偶发性的一般沟通。因此，对原告刘某提出的被告某信息咨询公司应当支付加班费的请求予以支持。最终，法院综合刘某月工资、实际加班时间等因素，判令某信息咨询公司赔偿刘某加班费 2 万元。

·解读分析·

如今利用微信、钉钉等即时通信软件沟通、处理工作事务，已经成了大多数人的工作常态。那么，如何认定员工在下班时间回复客户，处理工作事务，属于加班呢？

首先，要看员工是否在工作时间外处理工作事务。如果占用了员工的休息时间回复客户信息，处理工作事务，便可能被认定为加班。

其次，要看员工是否付出了实质性的劳动。如果员工在休息时间回复客户信息仅仅是出于聊天目的，并未付出实质性的劳动，则不会被认定为加班。

最后，要看这种行为是不是周期性的。假如员工仅仅是因为突发性事件在下班时间和客户进行了一次工作沟通，那么这种行为通常不会被认定为加班。

本案中，通过刘某提供的微信聊天记录、钉钉打卡记录以及某公司制定的《假期社群官方账号值班表》等证据可以分析出，该公司在下班、周末、节假日时间向刘某安排了回复客户信息、沟通工作方案等工作任务。因此，刘某在下班时间回复客户信息的行为应当视为加班。

【关键证据】

公司安排员工下班时间回复客户信息，沟通工作进度、流程、解决方案等的录音、视频、聊天记录等；公司制定的节假日官方账号维护值班表；员工在下班后与客户沟通的聊天记录；等等。

·法条援引·
《中华人民共和国劳动法》

第四十四条 有下列情形之一的，用人单位应当按照下列标准支付高于劳动者正常工作时间工资的工资报酬：

（一）安排劳动者延长工作时间的，支付不低于工资的百分之一百五十的工资报酬；

（二）休息日安排劳动者工作又不能安排补休的，支付不低于工资的百分之二百的工资报酬；

（三）法定休假日安排劳动者工作的，支付不低于工资的百分之三百的工资报酬。

单位安排高强度劳动工作，可以拒绝吗

2022年5月，韩某入职某快递公司从事快递员工作，双方在劳动合同中约定韩某每天工作时间为6小时，每周工作天数为6天，每月工资为4500元。2022年11月，一名快递员离职，该快递公司在未增加工资的情况下，单方面安排韩某将原本由离职员工负责的投递区域"接过来"。韩某认为该快递公司在没有和自己协商的情况下将自己的工作量翻倍，如果自己完成全部任务的话，每天的工作时间必须延长4小时以上，因此拒绝接受该快递公司的安排，该快递公司便以韩某不服从工作安排为由与其解除了劳动合同。韩某不服，认为该快递公司解除劳动合同违法，遂向劳动人事争议仲裁委员会申请仲裁。劳动人事争议仲裁委员会经过调查，裁决该快递公司解除劳动合同违法，需向韩某支付违法解除劳动合同赔偿金。该快递公司不服，遂向人民法院提起诉讼，请求法院判决撤销劳动仲裁委员会做出的仲裁。

【审判结果】

法院经审理认为，公司作为用工主体，拥有一定的用工自主权，但工作量应当在合理的限度内小幅度增加，而不能以员工加班为代价超强度工作。因此，某快递公司在没有和韩某提前沟通的情况下单方面增加其工作量的行为属于单方面变更劳动合同，韩某有权拒绝该快递公司增加工作量的安排。该快递公司以此为由解除劳动合同违法。最终，法院判决驳回该快递公司的诉讼请求。

·解读分析·

《中华人民共和国劳动合同法》中有明确规定，用人单位应当严格执行劳动定额标准，且用人单位和劳动者协商一致，方可变更劳动合同约定的内容。

本案中，韩某和某快递公司在劳动合同中明确约定了工作的内容和每天工作的时长。该快递公司在没有与韩某协商一致的情况下，强制增加韩某工作量的行为是在擅自变更劳动合同，是违法的，韩某有权拒绝。

而该快递公司以韩某拒绝工作安排违反公司章程为由解除与韩某的劳动合同的决定明显违法，韩某有权要求该快递公司向自己赔偿因其违法解除劳动合同造成的损失。

【关键证据】

劳动合同中关于工作量的约定条款；公司未与员工协商擅自增加工作量的音频、视频以及相关证人证言；等等。

·法条援引·
《中华人民共和国劳动合同法》

第三十一条　用人单位应当严格执行劳动定额标准，不得强迫或者变相强迫劳动者加班。用人单位安排加班的，应当按照国家有关规定向劳动者支付加班费。

企业未能及时发放工资，
员工离职后可以索赔吗

2015年7月3日，孙某通过面试入职某市一家玩具厂做包装工。三天后，该玩具厂和孙某签订了劳动合同，双方约定：该玩具厂每月 28 日发放上个月工资，如遇法定节假日，则提前到最近的工作日支付。

自 2022 年 2 月开始，该玩具厂便不再按照合同约定准时发放工资，至 2022 年 12 月，孙某仅仅收到了三个月工资。孙某多次找该玩具厂老板协商，请求准时、全额发放工资，但每次老板都以"大环境不好，工厂订单少"为由拖着不发。

2023 年 3 月 9 日，孙某找到老板，以"工资严重拖欠"为由离职，并索要工厂拖欠的工资。老板同意其离职，但并未立即支付拖欠的工资，而是要其"体谅一下工厂的困难，等订单增加后会一次性支付"。孙某遂向法院提起诉讼，请求法院判决该玩具厂支付拖欠孙某的工资，并给予经济补偿。

【审判结果】

法院经审理认为，孙某在辞职时，已经在《员工离职申请》中明确了辞职原因，即某玩具厂严重拖欠工资。根据《中华人民共和国劳动合同法》相关规定，用人单位未及时足额支付劳动报酬的，劳动者可以解除合同，用人单位应当向劳动者支付经济补偿。最终，法院判决某玩具厂支付拖欠孙某的工资，并向其支付经济补偿 29272 元。

·解读分析·

本案中的某玩具厂老板犯了两个错误。

第一，未能提前和孙某协商。企业有困难，延缓或者部分发放员工工资是可以的，但必须提前和员工协商一致。该玩具厂老板未和孙某协商一致，便单方面作出决定，以致于制造了劳动争端，让自身陷于麻烦之中。

第二，未能在孙某离职时立即结算拖欠工资和支付经济补偿。根据相关劳动法律法规，用人单位拖欠劳动者工资，劳动者有权解除劳动合同；解除劳动合同的，用人单位应当向劳动者支付经济补偿。当孙某提出离职申请时，某玩具厂老板同意后，除了支付拖欠工资外，还必须向孙某支付近3万元经济补偿。

为了避免延迟或未足额发放工资引发劳动争端、诉讼，最终赔了夫人又折兵，用人单位应做好以下两点。

1. 按照劳动合同约定日期及时足额发放工资。用人单位在和劳动者签订劳动合同后，要严格按照合同中约定的工资发放日期，准时足额向劳动者发放工资，以提升劳动者对用人单位的归属感，保持劳动关系的稳定和谐。

2. 需延迟或部分发放工资时要提前和劳动者协商一致。假如用人单位遭遇经营困难，资金周转出现问题，确实需要延迟发放或者部分发放员工工资时，应提前和员工进行协商。员工同意后，用人单位需以书面形式通知员工，员工签字后，才能延期或部分发放工资。一旦经营状况好转，用人单位需立即全额补发员工工资，并给予一定物质或金钱上的补偿。

【关键证据】

企业工资发放记录；员工与企业就工资发放事项沟通的电话录音、微信聊天记录；等等。

·法条援引·
《中华人民共和国劳动合同法》

第三十八条　用人单位有下列情形之一的，劳动者可以解除劳动合同：

（一）未按照劳动合同约定提供劳动保护或者劳动条件的；

（二）未及时足额支付劳动报酬的；

（三）未依法为劳动者缴纳社会保险费的；

（四）用人单位的规章制度违反法律、法规的规定，损害劳动者权益的；

（五）因本法第二十六条第一款规定的情形致使劳动合同无效的；

（六）法律、行政法规规定劳动者可以解除劳动合同的其他情形。

用人单位以暴力、威胁或者非法限制人身自由的手段强迫劳动者劳动的，或者用人单位违章指挥、强令冒险作业危及劳动者人身安全的，劳动者可以立即解除劳动合同，不需事先告知用人单位。

第四十六条　有下列情形之一的，用人单位应当向劳动者支付经济补偿：

（一）劳动者依照本法第三十八条规定解除劳动合同的；

（二）用人单位依照本法第三十六条规定向劳动者提出解除劳动合同并与劳动者协商一致解除劳动合同的；

（三）用人单位依照本法第四十条规定解除劳动合同的；

（四）用人单位依照本法第四十一条第一款规定解除劳动合同的；

（五）除用人单位维持或者提高劳动合同约定条件续订劳动合同，劳动者不同意续订的情形外，依照本法第四十四条第一项规定终止固定期限劳动合同的；

（六）依照本法第四十四条第四项、第五项规定终止劳动合同的；

（七）法律、行政法规规定的其他情形。

上班路上摔伤算工伤吗

2023 年 3 月的一天，王某在骑车上班途中经过一个路口时，车轮轧到散落在路面上的石块导致车身失去平衡，王某连人带车摔在了马路牙子上，将右腿摔伤。后经医院检查，王某右小腿骨折。王某摔伤后，立即报警，交警勘察后作出了道路交通事故认定书，认为王某负此次事故同等责任。2023 年 4 月，王某向当地人力资源和社会保障局申请工伤认定，当地人力资源和社会保障局审查后认为王某所受事故伤害符合《工伤保险条例》规定，依法作出了《认定工伤决定书》。但王某所在单位某房地产公司却对此存在异议，认为王某在上班路上摔伤不应认定为工伤。2023 年 5 月，该房地产公司向法院提起诉讼，请求法院撤销王某的工伤认定。

【审判结果】

法院经审理认为，王某和某房地产公司签订有劳动合同，为某房地产公司正式员工。王某在上班途中合理线路以及上班途中合理时间内发生交通事故受伤，交通管理部门出具的道路交通事故认定书也认定王某承担同等责任，不管是受伤地点、时间还是过程，都符合《工伤保险条例》相关规定。某房地产公司不能提供充分证据证明王某在交通事故中负主要责任。因此，法院对该房地产公司提出的撤销王某工伤认定的请求不予支持。最终，法院判决驳回了该房地产公司要求撤销王某工伤认定的诉讼请求。

·解读分析·

在司法实践中，职工在上下班途中发生交通事故想要认定为工伤，需要满足三个条件。

条件一：上下班的路线必须合理。《最高人民法院关于审理工伤保险行政案件若干问题的规定》明确了四种"上下班途中"的情形：

1. 在合理时间内往返于工作地与住所地、经常居住地、单位宿舍的合理路线的上下班途中；

2. 在合理时间内往返于工作地与配偶、父母、子女居住地的合理路线的上下班途中；

3. 从事属于日常工作生活所需要的活动，且在合理时间和合理路线的上下班途中；

4. 在合理时间内其他合理路线的上下班途中。

也就是说，除了上述四种情形外，其他路线是不会被法院认定为"上下班途中"的。

条件二：事故必须发生在上下班的合理时间内。每个单位都会规定上下班时间，按照这个时间，再根据员工上下班使用的交通工具、路线长短等因素，推定一个较为合理的上下班时间范围。当事故发生在这个时间范围内时，员工认定工伤就有希望；假如事故发生在这个时间范围之外，员工认定工伤则会比较困难。

条件三：员工并非事故发生的主要责任方。根据《工伤保险条例》规定，只有"在上下班途中，受到非本人主要责任的交通事故或者城市轨道交通、客运轮渡、火车事故伤害的"，才会认定为工伤，员工负主要责任的，则不会被认定为工伤。

以上三个条件相辅相成，任何一个不达标，都不会被认定为工伤。

本案中，王某发生交通事故时，其路线属于上班路线，时间也在合理的上班时间范围内，且交警出具的道路交通事故认定书认定王某在该起事故中负有同等责任而非主要责任，因此，王某在此次事故中受伤被认定为工伤。

【关键证据】

交通事故发生在上下班时间范围内，以及地点在上下班路线上的监控视频以及证人证言；公安机关交通管理、交通运输、铁道等部门或司法机关、行政法规授权组织出具的相关法律文书；等等。

·法条援引·
《工伤保险条例》

第十四条 职工有下列情形之一的，应当认定为工伤：

（一）在工作时间和工作场所内，因工作原因受到事故伤害的；

（二）工作时间前后在工作场所内，从事与工作有关的预备性或者收尾性工作受到事故伤害的；

（三）在工作时间和工作场所内，因履行工作职责受到暴力等意外伤害的；

（四）患职业病的；

（五）因工外出期间，由于工作原因受到伤害或者发生事故下落不明的；

（六）在上下班途中，受到非本人主要责任的交通事故或者城市轨道交通、客运轮渡、火车事故伤害的；

（七）法律、行政法规规定应当认定为工伤的其他情形。

无偿帮工受伤，
可以要求被帮工人担责任吗

2023 年 7 月，赵某雇用罗氏兄弟二人为自己的门面房拆装空调设备。在罗氏兄弟二人拆卸旧空调设备时，赵某想要将店内拆下来的玻璃门搬到另一个地方，便叫停了罗氏兄弟二人拆装空调的工作，请求他们帮助自己搬运玻璃门。出于好意，兄弟二人答应无偿帮忙，但是在搬运过程中，玻璃门突然炸裂，导致罗氏兄弟二人的头部、面部、手臂、手掌等多处划伤。受伤后，赵某开车将兄弟二人送到医院治疗，并支付了医疗费用。罗氏兄弟二人伤势好了后，要求赵某赔偿误工费 1 万元，但赵某觉得自己没有义务赔偿这笔钱。双方协商不成，罗氏兄弟二人将赵某告上法庭，请求法院判决赵某赔偿二人因无偿帮工受伤而产生的误工费 1 万元。

【审判结果】

法院经审理认为，原告罗氏兄弟二人受伤时，与被告赵某之间存在无偿帮工关系，原告二人受伤损失应当由被帮工人赵某承担。《最高人民法院关于审理人身损害赔偿案件适用法律若干问题的解释》规定，无偿提供劳务的帮工人因帮工活动遭受人身损害的，根据帮工人和被帮工人各自的过错承担相应的责任；被帮工人明确拒绝帮工的，被帮工人不承担赔偿责任，但可以在受益范围内予以适当补偿。罗氏兄弟是应赵某的请求无偿帮工的，且在搬运玻璃门过程中并不存在任何过错，因此，罗氏兄弟二人所提赔偿误工费的请求应当给予支持。综合原告二人提供的近三年具体收入证明、具体受伤情况、医嘱等材料，法院最终判决被告赵某赔偿原告罗氏兄弟二人误工费 8200 元。

·解读分析·

罗氏兄弟二人原本是赵某请来拆装门面房空调设备的，并没有搬运玻璃门这项工作内容，但被请帮忙搬运玻璃门，在搬运玻璃门过程中，罗氏兄弟二人和赵某之间便形成了帮工人与被帮工人的关系，而非雇员和雇主的关系。

在帮工过程中受了伤，侵权责任该由谁承担呢？根据具体情况有不同的答案。如果是被帮工人要求帮工的，根据帮工人和被帮工人各自的过错承担相应的责任；被帮工人明确拒绝帮工的，则被帮工人不承担赔偿责任，但可以在受益范围内予以适当补偿。

本案中，罗氏兄弟二人是应赵某的请求无偿帮工的，且在搬运玻璃门过程中并不存在任何过错，所以，赵某需要承担全部赔偿责任。

【关键证据】

能够证明被帮工人要求无偿帮工的音频、视频资料、微信聊天记录或证人证言；能够证明自身在帮工过程中没有过错的监控视频或证人证言；等等。

·法条援引·
《最高人民法院关于审理人身损害赔偿案件适用法律若干问题的解释》

第五条第一款　无偿提供劳务的帮工人因帮工活动遭受人身损害的，根据帮工人和被帮工人各自的过错承担相应的责任；被帮工人明确拒绝帮工的，被帮工人不承担赔偿责任，但可以在受益范围内予以适当补偿。

第五章
合同与保险

一方没签字就履行的合同
具有法律效力吗

2023 年 10 月，某家电销售公司销售人员焦某和承销商海某达成了冰箱销售的合作意向，该家电销售公司需在三天内发给焦某 50 台某品牌冰箱，货到付款。双方通过电话、微信确定了合同文本，由海某打印出一式两份后先签字盖章，再邮寄给焦某，焦某公司负责签字合同文本的负责人签字盖章后，再给海某邮寄回一份。由于约定的供货时间比较紧张，所以焦某在电话确认海某已经将签过字的合同文本快递寄出后，便开始按照该合同约定时间将冰箱发货。海某收到该批冰箱后，在签收单上做了签字确认。因为该家电销售公司负责签署合同文本的负责人出差，在确认该批冰箱被签收后，该负责人仍然没有在合同文本上签字盖章。在焦某要求海某支付冰箱款项时，海某以"某家电销售公司负责人未在合同上签字"为由称双方之间的销售合同并未生效，拒绝向焦某支付该批冰箱购买款项。焦某在数次催讨无果后，代表该家电销售公司向人民法院提起诉讼，请求法院判令海某支付 50 台冰箱货款。

【审判结果】

法院经审理认为，原告焦某和被告海某拟签订的合同文本是在平等协商基础上拟定的，体现了双方的真实意愿。根据《中华人民共和国民法典》的相关规定，在签名、盖章或者按手印之前，当事人一方已经履行主要义务，对方接受时，该合同成立。本案中，原告虽然没有在合同文本上签字盖章，但已经将约定的50台冰箱发给了被告，且被告收货后在签收单上签字确认，证明其接受合同约定的条文，双方之间的合同关系成立。因此，法院对原告焦某要求被告海某支付货款的请求给予支持。最终，法院判决被告海某于判决生效后五日内向焦某支付50台冰箱的货款。

·解读分析·

合同是指两人或者几人之间、两方或者多方当事人之间为了办成某件事情，明确各自权利和义务的条文。为了确保合同条文为双方或多方当事人的真实意愿体现，通常合同需要每个当事人在合同文本上签字、盖章或按手印后才会成立，具备法律效力。

那么，假如其中有一方没有在合同文本上签字、盖章或者按手印，这个合同就一定不会成立吗？答案是否定的。

根据《中华人民共和国民法典》的相关规定，在签名盖章或者按手印之前，当事人一方已经履行了主要合同义务，且另一方接受的，那么该合同也是成立的。

由此可见，当一方没有在合同文本上签字、盖章或者按手印时，想要合同成立，必须同时满足三个条件。

条件一：当事人一方已经履行了主要合同义务。

条件二：另一方或者多方表示接受。

条件三：该合同不需要相关部门批准后才生效。

本案中，焦某和海某因为无法面对面签订合同，所以采用了邮件的方式签订，先由海某将双方拟定好的合同文本打印出来，其签字盖章后将一式两份合同快递给焦某，焦某公司负责签署合同文本的负责人签字后，再将其中一份合同邮寄给海某。由于双方约定的供货时间较紧张，合同邮寄速度较慢，所以焦某在公司负责人还未签名前便将 50 台冰箱发给了海某，海某在收到该批冰箱后也在收货确认单上签了字，可见海某对合同文本是接受的。另外，该合同的成立不需要相关部门批准。三个要件都具备，因此，即使焦某公司负责签署合同文本的负责人未在合同上签字，该合同也是成立的，具有法律效力。

【关键证据】

能够证明已经履行了合同义务的相关音频、视频证明或者证人证言；能够证明另一方接受该义务的收货确认单、服务评价或者音频、视频、电话录音、微信聊天记录；等等。

·法条援引·
《中华人民共和国民法典》

第四百九十条　当事人采用合同书形式订立合同的，自当事人均签名、盖章或者按指印时合同成立。在签名、盖章或者按指印之前，当事人一方已经履行主要义务，对方接受时，该合同成立。

法律、行政法规规定或者当事人约定合同应当采用书面形式订立，当事人未采用书面形式但是一方已经履行主要义务，对方接受时，该合同成立。

只按手印不签名的劳动合同
有法律效力吗

2022 年 4 月，王某与某机床制造公司签订了三年期劳动合同，并在该劳动合同中约定：给公司造成 5000 元以上经济损失的，公司有权解除劳动合同。2023 年 6 月，王某在工作中没有按照规定的操作程序操作相关设备，导致设备损坏，给公司造成了 50000 元经济损失，该机床制造公司以王某造成的经济损失超过 5000 元为由，解除了和王某签订的劳动合同。王某不能接受，认为签订的劳动合同上没有他本人的签名，只有一个食指手印，该劳动合同不具备法律效力，遂向劳动人事争议仲裁委员会申请仲裁，请求认定其与该机床制造公司签订的劳动合同无效。劳动人事争议仲裁委员会裁定该合同有效。王某不服，向人民法院提起诉讼，请求法院撤销劳动人事争议仲裁委员会作出的仲裁，判令自己与该机床制造公司签订的劳动合同无效。

【审判结果】

法院经审理认为，在平等协商基础上，当事人在合同上按了手印，便代表其对合同中的内容知晓并认可。因此，法院对原告王某提出撤销劳动人事争议仲裁委员会所作仲裁和判令其与某机床制造公司签订的劳动合同无效的请求不予支持。最终，法院判决王某与某机床制造公司签订的劳动合同合法有效，驳回王某所有诉讼请求。

·解读分析·

根据《中华人民共和国劳动合同法》第十六条的规定，劳动合同需要在用人单位和劳动者协商一致的基础上，经用人单位和劳动者分别在劳动合同文本上签字或者盖章生效。既然需要"签字或盖章"才能生效，那么王某请求判令其与某机床制造公司所签订劳动合同无效的诉讼请求为什么未获得法院支持呢？

在司法实践中，根据《中华人民共和国民法典》的规定，王某和某机床制造公司签订的合同，虽然没有签字盖章只按了手印，但具有与签字或者盖章同等的法律效力，因为王某已经在履行主要义务，在该机床制造公司连续工作一年多的时间了。

也就是说，只要劳动合同的签订是建立在双方平等协商基础上，出于各方的真实意图，那么一方只按了手印，该合同也具备法律效力。

本案中，王某虽然没有在与某机床制造公司达成的劳动合同上签字，但在劳动合同文本上按了手印，便说明其对该劳动合同文本的内容是了解、认可的，并且也在该公司工作了一年多的时间。在此基础上，王某按了手印，和在劳动合同文本上签字或者盖章具有同等法律效力。因此，王某所说的只有手印没有签名或盖章的劳动合同没有法律效力的观点是错误的。

【关键证据】

签订的劳动合同文本；签订劳动合同时的录音、录像资料；签订劳动合同后工资、奖金发放记录，社保缴纳记录；等等。

·法条援引·
《中华人民共和国民法典》

第四百九十条　当事人采用合同书形式订立合同的，自当事人均签名、盖章或者按指印时合同成立。在签名、盖章或者按指印之前，当事人一方已经履行主要义务，对方接受时，该合同成立。

法律、行政法规规定或者当事人约定合同应当采用书面形式订立，当事人未采用书面形式但是一方已经履行主要义务，对方接受时，该合同成立。

凭假毕业证书入职某公司，所签订的劳动合同有效吗

毕业于某普通高校的刘某求职数次碰壁，为了能够进入自己心仪的企业，花钱购买了一套带有编号的某著名大学毕业证书和学位证书。2022 年 6 月，凭借该套伪造的毕业证书和学位证书，刘某顺利入职某信息咨询公司从事财务工作。2023 年 10 月，刘某从该信息咨询公司离职。后来，该信息咨询公司发现刘某入职时向公司提交的毕业证书和学位证书存在造假情况，后经学信网查询以及与相关高校联系核实，确定刘某并非该高校毕业生，其持有的毕业证书和学位证书也非该高校授予。该信息咨询公司遂向人民法院提起诉讼，请求法院判令刘某返还已经发放的工资款。

【审判结果】

法院经审理认为，劳动者和用人单位签订劳动合同时，需要遵守合法、公平公正、平等自愿、协商一致、诚实信用等原则。为了确保劳动者能够胜任岗位，用人单位有权了解劳动者与劳动合同相关的各项基本信息，劳动者则应如实陈述。本案中，刘某在应聘时出具的假毕业证书和学位证书误导了某信息咨询公司的判断，使得刘某顺利入职，并每月领取劳动报酬。刘某的上述行为损害了某信息咨询公司的知情权，违背了诚实信用原则，因此对某信息咨询公

司提出的其与刘某所签劳动合同无效和刘某返还已经发放的工资款的主张予以支持。但考虑到刘某在某信息咨询公司已经付出了实际劳动，结合刘某的实际工资收入、工资构成等因素，法院最终判决刘某返还某信息咨询公司已发放部分工资款 7 万元。

·解读分析·

劳动者使用虚假学历欺骗用人单位与用人单位签订的劳动合同是否具有法律效力，主要看该学历是否属于劳动者在求职时必须向用人单位如实告知的情况。

根据《中华人民共和国劳动合同法》的相关规定，劳动者在求职时应如实说明自己与劳动合同直接相关的基本情况。在司法实践中，"与劳动合同直接相关的基本情况"主要包括四项。

情况一：劳动者的健康状况。用人单位有权了解应聘劳动者的健康状况，以判断其能否适应岗位工作。劳动者的健康状况主要包括身体、心理以及其他不适合从事招聘岗位要求的疾病等。比如，餐厅招聘厨师时，会询问应聘者有没有传染病。用人单位询问应聘者健康状况时，应聘的劳动者必须如实陈述。

情况二：劳动者拥有的知识技能。劳动者应聘时，用人单位有权了解劳动者是否拥有和相关岗位匹配的知识和技能。比如，应聘劳动者是否掌握岗位相关知识，取得了什么学历学位证书以及职业资格证书，等等。

情况三：劳动者的工作经历。在应聘前，劳动者曾经在哪些公司工作过，从事过哪些岗位，取得过什么成果，获得过哪些职场荣誉，等等。

情况四：其他根据岗位或工作性质需要了解的情况。用人单位会根据自身所属的行业性质或者招聘岗位具体要求，有针对性地了解应聘劳动者的相关情况。比如，教育机构会询问应聘者有无犯罪记录，酒店会询问应聘者有无健康证，等等。

可见，应聘时劳动者向用人单位提供的学历学位证书属于用人单位需要向其了解的基本情况，这个时候，应聘的劳动者必须提供真实有效的学历学位证书，如果提供的学历学位证书是伪造的，便违背了诚实信用原则，属于欺诈行为，继而导致所签订的劳动合同部分无效或全部无效。

【关键证据】

学信网查询结果；应聘者提供的毕业证发放学校出具的相关证明；签订的劳动合同文本；应聘者入职后工资发放记录；等等。

·法条援引·
《中华人民共和国劳动合同法》

第八条　用人单位招用劳动者时，应当如实告知劳动者工作内容、工作条件、工作地点、职业危害、安全生产状况、劳动报酬，以及劳动者要求了解的其他情况；用人单位有权了解劳动者与劳动合同直接相关的基本情况，劳动者应当如实说明。

为了不续签无固定期限劳动合同，可以将员工辞退吗

2015年，卢某通过某金融服务公司面试，于当年7月4日和该金融服务公司签订了第一次劳动合同，终止日期为2018年7月3日。合同履行完毕后，卢某又和该金融服务公司于2018年7月3日签订了

第二份劳动合同，双方约定终止日期为2023年7月3日。2023年7月2日，卢某要求该金融服务公司与自己续签无固定期限劳动合同，但该金融服务公司负责人表示只愿意和其签订固定期限劳动合同。此后一个多月，卢某和该金融服务公司多次协商未果，矛盾逐步激化。2023年8月20日，该金融服务公司以书面形式，向卢某下达了解除劳动关系通知书。卢某不服，向劳动人事争议仲裁委员会申请仲裁，劳动人事争议仲裁委员会经过调查后作出裁决，该金融服务公司应当向卢某支付违法解除劳动合同赔偿金。该金融服务公司不服，向人民法院提起诉讼，请求撤销劳动人事争议仲裁委员会作出的仲裁。

【审判结果】

法院经审理认为，根据《中华人民共和国劳动合同法》相关规定，卢某的情况符合与某金融服务公司续签无固定期限劳动合同的条件，因此，该金融服务公司理应依法和其签订无固定期限劳动合同。卢某一直在该金融服务公司工作至劳动合同到期后一个多月，双方已经形成实际劳动用工关系。因此，该金融服务公司以合同到期不续签为由终止劳动关系违法，需向卢某支付相应赔偿金。

·解读分析·

某金融服务公司在处理与卢某的劳动合同时，在连续订立两次固定期限劳动合同和未在合同到期后解除劳动关系时，均应遵循《中华人民共和国劳动合同法》等法律的相关规定。

第一，连续和卢某订立两次固定期限劳动合同。该金融服务公司在卢某第一份劳动合同到期后，随即和其签订了第二份劳动合同。根据《中华人民共和国劳动合同法》相关条文规定，连续和劳动者签订两次固定期限劳动合同，劳动者便有权要求和用人单位签订无固定期限劳动合同。

第二，未在合同到期后立即解除和卢某的劳动关系。在卢某第二份劳动合同到期但协商无果时，该金融服务公司没有立即与其解除劳动关系，而是让卢某继续在公司工作了一个多月才将其解雇，形成了实质性用工关系。

无固定期限劳动合同，对劳动者而言并非等于有了"铁饭碗"，仅仅意味着工作有了长期性和稳定性。签订了无固定期限劳动合同的劳动者，严重违反用人单位规章制度的话，依旧可以依法解雇。因此，用人单位不必将无固定期限劳动合同视为洪水猛兽。

和公司高管和技术骨干签订无固定期限劳动合同。无固定期限劳动合同，具有稳定性和长期性的特点，公司借助其优势，稳定高管和技术骨干队伍，将他们和公司进行深度绑定，提升高管和技术骨干对公司的认同度。

【关键证据】

能够证明自己在用人单位连续工作满十年的入职证明、劳动合同签订日期、工资发放记录、证人证言等资料；和用人单位连续两次签订的劳动合同文本、工资发放记录、证人证言；等等。

·法条援引·
《中华人民共和国劳动合同法》

第十四条　无固定期限劳动合同，是指用人单位与劳动者约定无确定终止时间的劳动合同。

用人单位与劳动者协商一致，可以订立无固定期限劳动合同。有下列情形之一，劳动者提出或者同意续订、订立劳动合同的，除劳动者提出订立固定期限劳动合同外，应当订立无固定期限劳动合同：

（一）劳动者在该用人单位连续工作满十年的；

（二）用人单位初次实行劳动合同制度或者国有企业改制重新订立劳动合同时，劳动者在该用人单位连续工作满十年且距法定退休年龄不足十年的；

（三）连续订立二次固定期限劳动合同，且劳动者没有本法第三十九条和第四十条第一项、第二项规定的情形，续订劳动合同的。

用人单位自用工之日起满一年不与劳动者订立书面劳动合同的，视为用人单位与劳动者已订立无固定期限劳动合同。

第十五条 以完成一定工作任务为期限的劳动合同，是指用人单位与劳动者约定以某项工作的完成为合同期限的劳动合同。

用人单位与劳动者协商一致，可以订立以完成一定工作任务为期限的劳动合同。

和员工签署了免责条款，
公司就可以什么都不管了吗

2022 年 5 月，张某与某电力设备制造公司签订了劳动合同，该劳动合同文本中有"劳动者在工作中因违反操作规程受伤的，所产生的一切费用自负，公司不承担任何责任"。2023 年 6 月，张某在工作中因为操作失误不慎将左手严重砸伤，后经相关部门鉴定为六级伤残。在治疗恢复期间，张某垫付了全部医疗费用 56000 余元。出院后，张某数次和该电力设备制造公司协商，要求其报销相关医疗费用，支付工伤待遇，但该电力设备制造公司负责人都以"劳动合同中有相关约定，因违反操作规程受伤的，所产生的一切费用自付"为由，拒不向张某支付相关款项。张某遂向劳动人事争议仲裁委员会申请仲裁。经过调查，劳动人事争议仲裁委员会裁定该电力设备制造公司在劳动合同中所列免责条款无效，该电力设备制造公司需报销张某合理治疗费用，支付其工伤保险待遇。该电力设备制造公司不服，向人民法院提起诉讼，请求法院判令撤销劳动人事争议仲裁委员会作出的裁定。

【审判结果】

法院经审理认为，某电力设备制造公司与张某在签订的劳动合同中约定"劳动者在工作中因违反操作规程受伤的，所产生的一切费用自负，公司不承担任何责任"条款，违反了《中华人民共和国民法典》的相关规定，属于无效条款。该电力设备制造公司应当为张某报销符合规定的医疗费用，支付张某相关工伤保险待遇。最终，法院驳回了该电力设备制造公司的所有诉讼请求。

·解读分析·

所谓免责条款，是指当事人约定的用来免除或者限制其未来合同责任的条款，比如"离柜概不负责""打折商品不三包""积分三个月清零"等。

根据我国相关法律法规，具备下列情形的免责条款无效。

1. 明显违背公平原则。当事人一方利用自身具备的某种优势或者利用另一方缺乏相关经验，制定出来的免责条款使得双方的权利和义务明显失衡，违背公平、等价有偿原则。

2. 以各种非法方式订立，损害国家、集体或第三人利益的。当事人一方以欺诈、胁迫、恶意串通等手段，或者以合法形式掩盖非法目的，订立的免责条款损害国家、集体或第三人利益的均无效。

3. 当事人一方未将格式合同免责条款向另一方当事人作出提醒和详细说明的。格式合同中的免责条款，当事人一方如果未能向另一方当事人尽到提醒义务，未能向另一方当事人做详细说明，比如保险合同中所列的不赔偿条款，保险公司在订立合同时未能向消费者尽到提醒义务，未能向消费者详细说明该条款，则会被认定为无效。

4. 导致当事人一方人身伤害的。另一方当事人宣称在履行合同期间当事人一方如果受到人身损害，自己概不负责。比如医疗合同、雇佣合同等条款中的"如果违背相关章程，导致受伤的，概不负责"，便属于无效的免责条款。

5. 因为故意、重大过失导致他人财产损失的。因为另一方当事人主观故意或重大过失造成当事人一方财产损失的，没有任何可以免责的理由，因此这类免责条款在法律上无效。

本案中，该电力设备制造公司在和张某签订的劳动合同中，添加了"劳动者在工作中因违反操作规程受伤的，所产生的一切费用自负，公司不承担任何责任"的免责条款，属于导致当事人一方人身伤害的无效条款。所以，在诉讼中，该电力设备制造公司的主张没有得到法院的支持。

【关键证据】

相关免责条款文本；能够证明自身工作期间受伤的监控视频、证人证言；等等。

·法条援引·
《中华人民共和国民法典》

第五百零六条　合同中的下列免责条款无效：

（一）造成对方人身损害的；

（二）因故意或者重大过失造成对方财产损失的。

和未成年人签订的合同算数吗

刚刚年满十四周岁的在校生张毅然由于长得非常帅，又能歌善舞，在某短视频平台吸引了6万多用户关注，是一个不折不扣的小网红。2022年4月，某公司通过平台私信主动联系张毅然，希望担任其直播等演绎及其他商业活动的独家合作方。见有公司愿意和自己签约，张毅然觉得非常有成就感，便欣然同意了该公司的提议，并于2022年10月与该公司签订了艺人经纪合同。该合同除了对张毅然每天的直播时间、直播收益分配、公司给予的各类资源进行约定外，还专门规定张毅然如果在除公司指定的其他平台上上传短视频或者直播，需要向公司支付 20 万元违约金。2023 年 5 月，张毅然利用该公司提供的账号在公司安排之外的直播平台上发布小视频，直播某品牌产品开箱体验。随即，该公司以张毅然擅自在其他平台直播宣传竞品为由向法院提起诉讼，请求法院判令张毅然支付违约金 20 万元。

【审判结果】

法院经审理认为，被告张毅然与原告某公司签订艺人经纪合同时为在校就读的刚刚年满十四周岁的未成年人，其生活来源主要为父母，属于限制民事行为能力人。原告某公司和被告张毅然所签订的艺人经纪合同并非纯获益的民事法律行为，且该合同文本长达 20 页，内容中多法律专业和直播行业术语，明显超出了张毅然的认知水平、社会经验和风险意识。另外，张毅然和某公司签订艺人经纪合同后也未获得其父母的同意或追认。因此，法院认定张毅然和某公司签订的艺人经纪合同无效。最终，法院判决驳回原告某公司的全部诉讼请求。

· 解读分析 ·

和未满十八周岁的未成年人签订的合同，有没有法律效力，要根据未成年人所处的年龄段和认知水平判断。

1. 十六周岁以上未满十八周岁的。这个年龄段以自己劳动收入为主要生活来源的未成年人，司法实践中被视为完全民事行为能力人。因此，十六周岁以上未满十八周岁以自己劳动收入为主要生活来源的未成年人，可以按照诚实信用的原则与他人订立合同，只要该合同不违反相关法律法规，不存在效力上的瑕疵，便具有法律效力。

2.八周岁以上的。八周岁以上的未成年人属于限制民事行为能力人，和其签订的合同，如果是未成年人纯获利益的，或者是与其智力相适应的，则该合同具有法律效力；如果所签订的合同与这个年龄段的孩子智力不相适应，则该合同通常会被认定为效力待定：如果经过未成年人的法定代理人同意或者追认，则该合同具有法律效力；如果没有经过未成年人的法定代理人同意或者追认，则该合同不具备法律效力。

3.八周岁以下的。八周岁以下的未成年人属于无民事行为能力人，只能由这个年龄段未成年人的法定代理人代理民事活动。

需要注意的是，合同在被追认前，善意相对人在了解到对方属于限制民事能力行为人后，有权以通知的方式撤销合同。

本案中，张毅然在和某公司签订艺人经纪合同时，刚年满十四周岁，属于限制民事行为能力人，其签订的合同文本页数众多，内容包含诸多法律和直播专业术语，明显超出了其认知水平、社会经验和风险意识，并且张毅然的父母事后也没有对该合同进行追认。因此，张毅然和该公司所签艺人经纪合同无效。

【关键证据】

能够证明签约时年龄的身份证明资料；能够证明签约行为超出了未成年人智力水平的相关文件、视频证明；能够证明未成年人的法定代理人事后未追认的音频、视频资料；等等。

·法条援引·
《中华人民共和国民法典》

第十九条　八周岁以上的未成年人为限制民事行为能力人，实施民事法律行为由其法定代理人代理或者经其法定代理人同

意、追认；但是，可以独立实施纯获利益的民事法律行为或者
与其年龄、智力相适应的民事法律行为。

绕过中介直接签合同，
需要承担法律责任吗

王某名下有两套住房，其中一套闲置住房，王某打算出租。于
是王某通过微信向某中介机构发送了出租房屋的户型照片，介绍了该
房屋周边的学校、商场、地铁等情况，并同意成功出租后向该中介机
构支付一个月房租作为中介费。此后，王某和该中介机构就拿钥匙时
间、看房时间、中介合同签订等事项多次沟通。其间，该中介机构将
王某打算出租的房子介绍给了朱某，并带其实地查看了该房屋的户型
以及周边的教育和商业资源，双方就房屋情况、租金、租期等进行了
沟通。在签约当天，王某表示只能将半个月房租作为中介费，中介机
构表示不能接受，因此三方未能签订中介合同和房屋租赁合同。第二
天，王某绕过中介机构和朱某直接签订了房屋租赁合同。中介机构知
道后，向人民法院提起诉讼，请求法院判令王某支付中介报酬。

【审判结果】

法院经审理认为，被告王某和原告某中介机构通过微信沟通，
确定了涉案房屋的基本情况、寻找租户、中介费等事项，原告某中
介机构为被告王某找到了愿意租赁涉案房屋的租户，且带领该租户
实地看了房，承担了出租事项磋商、合同拟定等工作和义务，被告
王某对此给予接受，因此被告王某和原告某中介机构之间的合同关
系是存在的。被告王某在实际接受原告某中介机构提供的交易机会

的情况下，绕过原告私下和承租人签订房屋租赁合同的行为构成违约，应承担民事责任。最终，法院判令王某按照双方约定的一个月房租为中介费的标准向某中介机构支付中介费。

· 解读分析 ·

根据《中华人民共和国民法典》的相关规定，中介合同是中介人向委托人报告订立合同的机会或者提供订立合同的媒介服务，委托人支付报酬的合同。

利用中介人提供的交易机会或者媒介服务找到承租方，然后再绕开中介人直接订立合同，就是我们经常说的"跳单"。

"跳单"的构成要件有三。

1. 委托人必须接受了中介机构提供的服务，假如没有接受，则不具备"跳单"的前提条件。

2. 委托人利用了中介提供的交易机会或者媒介服务，即通过中介提供的信息或者渠道才结识了具有较强购买、承租等意愿的人。

3. 委托人绕开中介机构直接与承租方订立了合同。

本案中，王某的"跳单"行为非常明显：其首先向某中介机构提出了想要出租房屋的意愿，希望该中介机构帮助实现这一意愿，并愿意支付中介费。在中介机构遇到有承租意愿的承租人时，王某利用中介机构提供的信息，绕过该中介机构直接和对方订立了合同。这种行为虽然看似省下了中介费，但却增加了交易风险，违背了契约精神，同时需要承担法律后果。

【关键证据】

双方就中介合同签订事宜沟通的音频、视频资料和微信聊天记录；中介机构履行中介合同义务的音频、视频；对方绕过中介机构订立合同的证人证言；等等。

· 法条援引 ·
《中华人民共和国民法典》

第九百六十五条　委托人在接受中介人的服务后，利用中介人提供的交易机会或者媒介服务，绕开中介人直接订立合同的，应当向中介人支付报酬。

"定金"写成了"订金"，
生意没成可以不退吗

莫某经中间人介绍认识了雪梨种植户马某，在与马某通过微信协商好雪梨的单价、重量等内容后，莫某向马某微信转账6000元。收款后，马某微信回复了"收到订金"。雪梨成熟后，马某按照双方协议约定日期向莫某发货。收到货后，莫某发现马某发来的雪梨大小不一，且有部分还开了口子，卖相很难看，于是决定将这批雪梨退回，并要求马某退还先前支付的订金。马某认为果园中的雪梨大小原本就不一样，之前销售雪梨时从来没有遇到莫某这么挑剔的顾客，且自从莫某预订雪梨后，其先后拒绝了好几批前来购买雪梨的客商，且已经过了销售旺季，雪梨若被退回，自己损失很大。而"订金"，是自己当时不小心打错了字，将"定金"打成了"订金"，因此，马某并不同意将6000元退给莫某。双方协商数次未果，莫某遂向法院提起诉讼，请求法院判令马某退回6000元订金。

【审判结果】

法院经审理认为，原告莫某与被告马某的微信聊天记录可以证明，莫某微信转账给马某的6000元属于"订金"，而非定金。订金是当事人一方为了交易需要向另一方交纳的金钱，本身并不具备任何担保的性质，因此，在原告莫某和被告马某未能完成雪梨最终购买事宜的情况下，对原告莫某要求被告马某返还 6000 元订金的请求予以支持。但考虑到雪梨在运输过程中的耗损以及运费、价格损失等因素，最终法院判决被告马某退还原告莫某 4000 元。

·解读分析·

定金和订金，一字之差，法律效力却天差地别。

订金，严格来说并非一个法律概念，是当事人一方为了交易需要向另一方交纳的金钱，本身在法律上并不具备担保功能。在司法实践中，订金通常会被视为"预付款项"，当双方约定的交易顺利完成后，之前交付的订金可以充当货款；当双方约定的交易失败后，收受订金的一方需要履行返还义务。

定金，最基本的功能是担保，在法律上具有鲜明的惩罚性特征，即给付定金的一方不能按照之前约定履行债务时，定金不退；收受定金的一方不能按照约定履行债务时，则应向给付定金的一方双倍返还定金。可见，定金的主要目的是通过惩罚性"震慑"订立合同的当事人，促使双方能够积极履行自身承担的合同义务。

在订立定金条款时，为了确保合法有效，要做到"四注意"。

注意一：最好以书面形式约定定金条款。如果双方当事人仅仅在口头上做了定金条款约定，会在确证阶段出现较大分歧。

注意二：必须写作"定金"或"定金罚则"。以书面形式约定定金条款时，必须在合同中注明"定金"或者"定金罚则"，否则相应定金条款并没有定金的性质，不具备担保的功能。

注意三：定金数额不能太高。虽然定金的具体数额由当事人在平等基础上约定，但最高不能超过合同标的额的 20%，否则超过的部分不被法院支持。

注意四：一定要实际支付定金。定金从实际交付之日起生效，假如定金数额与约定数额不一致的话，则会视为对定金金额的变更，如果接受定金一方提出异议并拒绝接受该定金的话，那么定金合同便不具备法律效力。

本案中，被告马某在收到对方6000元微信转账款后，回复"收到订金"，证明该笔款项为双方约定的订金而非定金。因此在双方雪梨生意没有做成后，马某需要将该笔订金退还给莫某。但是法院考虑到雪梨的运输耗损、运费、错过主要销售期等因素，最终并没有判决马某全额退还，而是酌情减免了2000元。

【关键证据】

双方以书面形式签订的定金合同文本；一方确认给予款项为定金或订金的电话录音、监控视频、微信聊天记录或相关见证人的证言证词；等等。

·法条援引·
《中华人民共和国民法典》

第五百八十七条　债务人履行债务的，定金应当抵作价款或者收回。给付定金的一方不履行债务或者履行债务不符合约定，致使不能实现合同目的的，无权请求返还定金；收受定金的一方不履行债务或者履行债务不符合约定，致使不能实现合同目的的，应当双倍返还定金。

与自家车发生碰撞，
保险公司可以不赔偿吗

2022年6月，王某驾驶小型汽车在小区地下车库停车时，因为操作不当和妻子郑某驾驶的车辆发生碰撞，导致两车受损。后经交通管理部门认定，王某对此次事故负全部责任，郑某无责任。经鉴定，郑某所属车辆损失为36000元。王某为自己的车辆在保险公司投保有交强险和责任限额为3000000元的不计免赔商业三者险。但在王某报险后，保险公司却以"王某和郑某为夫妻关系，违反《机动车综合商业保险免责事项说明书》"为由，拒绝承担相应保险责任。王某遂将保险公司告上法庭，要求保险公司在保险责任范围内承担保险责任。

【审判结果】

法院经审理认为，根据相关法律规定，订立保险合同，采用保险人提供的格式条款的，保险人应当尽到详细提醒和说明义务，因未尽到提醒和说明义务致使对方没有注意或者理解与其有重大利害关系的条款的，对方可以主张该条款不成为合同的内容。本案中，被告保险公司不能证明自己尽到了充分的提醒和说明义务，因此对保险公司以《机动车综合商业保险免责事项说明书》第十二条为由拒绝理赔不予支持。最终，法院判决保险公司在保险限额范围内向郑某支付赔偿款36000元。

·解读分析·

根据《中华人民共和国民法典》的相关规定，当事人双方订立合同时，采用一方提供的格式条款的，提供方需要向另一方详细说明合同内容，特别提醒另一方注意其中的免责条款，并对该条款的内容以书面或者口头形式作出明确说明。假如当事人一方未能向另一方就免责条款作出提示或者明确说明，则免责条款便不具备法律效力。

《机动车综合商业保险免责事项说明书》第十二条便属于免除保险人责任的条款，因此，本案中保险公司在和王某签订保险合同时应当就该条条款对王某作出明确说明。

需要注意的是，明确说明包括两个方面：一是对内容进行详细说明，即保险公司在与王某签订保险合同之前或者签订保险合同时，向其讲解免责条款的概念、内容、法律后果等，确保王某能够真正明了该条款的含义，知晓其可能导致的法律后果；二是保险公司的解释需要变换为一定的形式，比如通过专门人员一对一讲解、视频重复播放、声明文本等形式，向王某明确该条免责条款的概念、内容和法律后果等。

保险公司向法庭提供的王某签名确认的投保声明，只能证明保险公司在形式上做到了明确，无法证明其向王某详细讲解了该条免责条款的概念、内容和法律后果，不能证明其尽到了充分说明的义务。因此，法院最终判决保险公司在保险限额内赔付郑某的车辆损失。

【关键证据】

有双方签名、盖章的保险合同文本；保险公司就免责条款概念、内容、法律后果等尽到了（或未尽到）详细说明义务的音频、视频材料或相关证人证言；等等。

·法条援引·
《中华人民共和国民法典》

第四百九十六条　格式条款是当事人为了重复使用而预先拟定，并在订立合同时未与对方协商的条款。

采用格式条款订立合同的，提供格式条款的一方应当遵循公平原则确定当事人之间的权利和义务，并采取合理的方式提示对方注意免除或者减轻其责任等与对方有重大利害关系的条款，按照对方的要求，对该条款予以说明。提供格式条款的一方未履行提示或者说明义务，致使对方没有注意或者理解与其有重大利害关系的条款的，对方可以主张该条款不成为合同的内容。

车被撞，找不到肇事者，
保险公司会理赔吗

2022年5月，王某购买了一辆小汽车，向某保险公司投保了机动车损失险（不计免赔，保险赔偿限额为100万元）、第三者责任保险、自燃损失险等，保险期间自2022年5月19日0时0分起至2023年5月18日24时0分止。2022年12月，王某驾车外出办事时将车停在了路边，办完事后发现车辆被撞。王某随即向交警报案，但因为事发路段没有监控，交通管理部门最终作出事故认定：肇事车辆未查获。为了修理被撞的小汽车，王某一共花费了13500元，因为没有寻得肇事车辆，王某便向某保险公司提出理赔。但该保险公司认为没有证据证明王某的车辆是被其他车辆撞坏的，拒绝理赔。王某不服，遂向法院提起诉讼，请求法院判定该保险公司赔偿自己的车辆损失。

【审判结果】

法院经审理认为，根据保险公司提供的保险条款中的约定，肇事车辆如果是第三方造成且无法找到第三方时，免赔率为30%。根据被告提供的保险订立当天的监控视频，该保险公司已经就该条款向原告王某进行了充分提示和说明，且该条款并未违反法律法规，也未加重被保险人应注意的合理义务，又可以防范被保险人为了获取全额赔偿而故意采取的其他行为，因此认定有效。最终，法院判决某保险公司支付王某保险理赔金9450元。

·解读分析·

车停在路边被撞，找不到肇事者，报警后，交通管理部门通常不会出具道路交通事故责任认定书，车主无法要求肇事逃逸者赔偿。那么，在这种情况下，向自己车辆投保的保险公司申请理赔，会获得赔偿吗？

如果购买了车损险，保险公司通常会赔付，但有一定的免赔率。比如免责三成，只赔付七成，剩下的需要车主自己承担。如果车主能够向法院证明在签订保险合同时，对方未能就相应免责或降低自身责任条款尽到充分提示和解读义务，则法院会判令相关条款无效。

为了避免在找不到肇事者情况下承担较高的损失，在购买保险时，车主可以选择无法找到第三方特别险，购买后即使找不到第三方肇事者，保险公司也会承担车辆的全部损失。

【关键证据】

事发地周边的监控录像；见证事故发生经过的证人证言；保险公司未就免责条款进行提醒和充分解读的视频、音频；等等。

·法条援引·
《中华人民共和国民法典》

第四百九十六条　格式条款是当事人为了重复使用而预先拟定，并在订立合同时未与对方协商的条款。

采用格式条款订立合同的，提供格式条款的一方应当遵循公平原则确定当事人之间的权利和义务，并采取合理的方式提示对方注意免除或者减轻其责任等与对方有重大利害关系的条款，按照对方的要求，对该条款予以说明。提供格式条款的一方未履行提示或者说明义务，致使对方没有注意或者理解与其有重大利害关系的条款的，对方可以主张该条款不成为合同的内容。

第六章
担保与人格

为他人债务做担保，
担保人应替债务人还钱吗

2021 年 3 月，钱某向鲁某借款 20 万元，钱某的朋友王某作为此笔借款的担保人在钱某出具的借条上签了名。钱某和鲁某约定的还款日期为 2021 年 8 月 31 日。到期后，鲁某联系钱某，催其还款，但钱某每次都以种种理由推托，一直到 2022 年 10 月底都未将借款还给鲁某。2022 年 11 月，鲁某将钱某和王某诉至法院，要求两人共同偿还借款 20 万元。

【审判结果】

法院经审理认为，根据《中华人民共和国民法典》中的相关规定，保证的方式分为一般保证和连带责任保证，本案中，被告王某仅在"担保人"处签字，没有约定保证方式和担保期间，因此保证方式为一般保证，且已经超过了法律规定的保证期间。最终，法院判令钱某在判决生效后十五日内偿还鲁某的借款本金 20 万元及利息，驳回鲁某对王某的诉讼请求。

·解读分析·

根据《中华人民共和国民法典》的相关规定，假如当事人在保证合同中做了约定，如果债务人到期不能履行债务的话由保证人承担保证责任，那么这种保证便属于一般保证。假如当事人在保证合同中约定保证人和债务人对债务承担连带责任，那么这种保证则为连带责任保证。假如当事人在保证合同中对保证的方式没有进行约定或者约定不明确，那么在司法实践中该保证会被视为一般保证。

一般保证和连带责任保证的主要区别有三点。

区别一：保证人承担责任的顺序不同。在一般保证中，债权人在催讨债务时必须首先找债务人要钱，只有在债务人不能履行还款义务时，债权人才可以要求保证人承担保证责任。但是在连带责任保证中，债权人既可以找债务人要钱，也可以向保证人催债，没有先后顺序之分。

区别二：保证人作为被告的情况不同。在一般保证中，债权人可以将债务人和保证人一起起诉，也可以单独起诉债务人，但不能单独起诉保证人。而在连带责任保证中，债权人既可以将债务人和保证人一起起诉，也可以单独起诉债务人或单独起诉保证人。

区别三：设立方式不同。根据《中华人民共和国民法典》的相关规定，连带责任保证必须通过书面方式明确约定，如果约定不明或者没有约定，则应视为一般保证。

债权人与保证人可以约定保证期间（保证期间是确定保证人承担保证责任的期间，不发生中止、中断和延长），若约定的保证期间早于主债务履行期限或者与主债务履行期限同时届满的，视为没有约定；没有约定或者约定不明确的，保证期间为主债务履行期限届满之日起六个月。债权人与债务人对主债务履行期限没有约定或者约定不明确的，保证期间自债权人请求债务人履行债务的宽限期届满之日起计算。

一般保证的债权人未在保证期间对债务人提起诉讼或者申请仲

裁的，保证人不再承担保证责任。

本案中，王某仅仅在钱某借条"担保人"处签了自己的名字，并没有具体约定保证方式以及保证期间，因此认定为一般保证，保证期间为约定借款期限届满之日起六个月。2022 年 11 月，债权人才向法院提起诉讼，将债务人钱某和保证人王某列为共同被告，但此时早已超出了保证期间，因此，王某不再为之前的一般保证承担保证责任。

【关键证据】

借条、合同文本等关于保证人责任的约定条款，保证人的签名；能够证明约定保证期间长短的文本资料；等等。

·法条援引·
《中华人民共和国民法典》

第六百九十三条　一般保证的债权人未在保证期间对债务人提起诉讼或者申请仲裁的，保证人不再承担保证责任。

连带责任保证的债权人未在保证期间请求保证人承担保证责任的，保证人不再承担保证责任。

迫于情面做担保，要考虑哪些法律风险

2022 年 3 月，关某的公司在经营上遇到了困难，急需资金周转。关某的好友张某得知消息后，便从中牵线搭桥，帮助关某和刘某取得了联系，约定关某从刘某处借款 3 万元。因为是好朋友，所以在关某请求张某在借条保证人处签名时，虽然张某心中有所顾虑，但碍于情面，最终还是签上了自己的名字。但让张某没想到的是，约定的还款日到后，关某却以种种理由推托，拒绝向刘某偿还本金和利息。多次讨要无果后，刘某向保证人张某催讨，无奈之下，张某只得代还了本金和利息共计 3.5 万元。事后，张某向关某讨要垫付的 3.5 万元债务时，关某竟然以"你自己愿意还的"为由不认账。为了维护自己的合法权益，张某一纸诉状将关某告上了法庭，请求法院判决关某偿还 3.5 万元债务。

【审判结果】

法院经审理认为，被告关某借款后未能按照约定日期按时还款，作为保证人的原告张某代其归还本金和利息，享有向被告关某追讨债务的权利，因此，对原告张某提出的要求被告关某偿还债务的请求予以支持。最终，法院判决被告关某在判决生效十日内，向原告张某偿还借款本金及利息共计 3.5 万元。

·解读分析·

生活中，很多人会碍于情面，帮人做担保。做担保人，可不是简单地签个字、盖个章就完事了，其中暗含的风险非常大。在借债人无法履行偿债义务时，担保人将面临代为偿还的法律后果。比如，借钱的人拿到钱后"失踪"，这个人也没有什么可执行的财产，担保人就需要替他还钱。

假如偿还不了相应的债务，担保人还会面临两大法律风险：一是成为"老赖"，被限制高消费，自己不能考公，子女无法就读高收费的私立学校，出行乘车、住宿等面临一系列限制；二是成为失信人，无法从银行贷款，限制购房、大额消费等。

可见，担保是非常严肃的事情，需要谨慎对待，尽量不要迫于情面将自己置于巨大的法律风险之中。

【关键证据】

和借债人就担保事宜沟通的音频、视频资料或微信聊天记录；借债人拥有可供执行财产的照片、视频或产权登记等；代还债务的转账记录、债务人出具的还款证明；等等。

·法条援引·
《中华人民共和国民法典》

第六百八十七条 当事人在保证合同中约定，债务人不能履行债务时，由保证人承担保证责任的，为一般保证。

一般保证的保证人在主合同纠纷未经审判或者仲裁，并就债务人财产依法强制执行仍不能履行债务前，有权拒绝向债权人承担保证责任，但是有下列情形之一的除外：

（一）债务人下落不明，且无财产可供执行；

（二）人民法院已经受理债务人破产案件；

（三）债权人有证据证明债务人的财产不足以履行全部债务或者丧失履行债务能力；

（四）保证人书面表示放弃本款规定的权利。

第六百八十八条 当事人在保证合同中约定保证人和债务人对债务承担连带责任的，为连带责任保证。

连带责任保证的债务人不履行到期债务或者发生当事人约定的情形时，债权人可以请求债务人履行债务，也可以请求保证人在其保证范围内承担保证责任。

第七百条 保证人承担保证责任后，除当事人另有约定外，有权在其承担保证责任的范围内向债务人追偿，享有债权人对债务人的权利，但是不得损害债权人的利益。

不以营利为目的，
就可以公开他人照片吗

2023 年 4 月的一天上午，王某驾驶车辆行驶在某小区内部道路上，董某的女儿突然从小区广场跑到了路中间，所幸王某及时避让未造成事故，王某便驾车离开了。董某见女儿险些被撞，心中有气，随即跟随王某车辆到停车场，拍摄了五张王某停车时的照片。拍摄后，董某立即将照片上传到小区微信群，并留言"此人堪称马路杀手"。当天傍晚董某看到自己的照片被发布在小区微信群内，随即联系董某，指出其行为极其不妥，要求董某公开在微信群内向自己道歉。董某认为自己所作所为并没有错，之所以将王某照片发到小区微信群，是为了让大家记住她这个"马路杀手"。王某不堪忍受"马路杀手"等字眼以及小区微信群内成员的讨论和指责，遂将董某告上了法庭，请求法院判令董某立即停止侵犯其肖像权，在小区微信群内公开道歉、消除影响、恢复名誉。

【审判结果】

法院经审理认为，根据《中华人民共和国民法典》的相关规定，未经肖像权人同意，不得制作、使用、公开肖像权人的肖像，因此，王某有权拒绝他人公开自己的照片。董某在未经王某许可的情况下将王某的照片发布在小区微信群内，且评论王某为"马路杀手"，带有明显贬低意思。最终，法院判决董某立即停止侵犯王某肖像权的行为，在小区微信群内向王某公开赔礼道歉。

· 解读分析 ·

在现实生活中，很多人对肖像权存在误解，认为只要不以营利为目的公开别人的照片，便不会侵犯别人的肖像权，这种认知是非常错误的。《中华人民共和国民法典》将肖像权纳入人格权篇中独立成章，扩大了对公民肖像权的保护范围。

在司法实践中，侵不侵犯他人肖像权和"以营利为目的"没有必然关联。侵犯他人肖像权的认定依据主要有五点。

1. 没有经过肖像权人同意以营利为目的使用权利人肖像。

2. 虽然不以营利为最终目的，但在没有经过肖像权人同意的前提下，存在将权利人肖像公开、展示、陈列、复制、散发等行为的。

3. 行为人超出了肖像权人许可的范围使用权利人的肖像。比如，肖像权人只允许将自己的肖像用于线上宣传，而行为人却将权利人肖像用于线下宣传。

4. 超出肖像权人许可的地域范围使用权利人的肖像。比如，肖像权人只允许将自己的肖像用于某个城市，但行为人却将权利人肖像用于另外一个城市。

5. 超出肖像权人许可的期间使用权利人的肖像。比如，肖像权人只允许行为人在 2022 年 1 月 1 日到 2023 年 1 月 1 日期间使用自己的肖像，但行为人在 2023 年 1 月 1 日后仍继续使用权利人的肖像。

本案中，董某在没有经过王某允许的情况下，擅自拍摄其照片，并将照片发布在小区微信群内，贬低其为"马路杀手"，明显侵犯了董某的肖像权，需承担相应的侵权责任。

【关键证据】

肖像被侵权的视频、音频和微信截图；规定肖像允许使用的地域、期间和范围的合同文本；等等。

·法条援引·
《中华人民共和国民法典》

第一千零一十九条　任何组织或者个人不得以丑化、污损，或者利用信息技术手段伪造等方式侵害他人的肖像权。未经肖像权人同意，不得制作、使用、公开肖像权人的肖像，但是法律另有规定的除外。

未经肖像权人同意，肖像作品权利人不得以发表、复制、发行、出租、展览等方式使用或者公开肖像权人的肖像。

可以随意公开自己和他人的聊天记录吗

2020年5月，杨某和张某相识并发展为恋人关系。此后，杨某每天都会和张某微信聊天，聊自己的家庭成员、在校生活、成长经历等，其中包含了杨某大量隐私信息。2023年6月，杨某和张某因为彩礼、婚房等问题闹翻，彼此发誓"老死不相往来"。为了报复杨某，张某将此前杨某与自己的微信聊天记录剪辑、拼接后制成短视频上传到某视频平台，引发数十万人在线"围观"，给杨某的生活和工作造成了极大的负面影响，为此，杨某患上了抑郁症，不得不辞掉工作在家休养。2023年8月，杨某向人民法院提起诉讼，请求法院判令张某立即停止侵权行为，公开赔礼道歉，并赔偿精神损害抚慰金6万元。

【审判结果】

法院经审理认为，根据《中华人民共和国民法典》的相关规定，被告张某通过剪辑、拼接等方式将原告杨某和自己的微信聊天记录制成短视频，在某视频平台发布，导致原告杨某的大量个人信息被泄露，侵犯了原告杨某的隐私权，应当承担侵权责任。最终，法院判决被告张某删除发布的短视频，停止侵权行为，在地方权威报刊上刊登道歉信向杨某道歉，并向杨某支付精神损害抚慰金5万元。

·解读分析·

隐私是指自然人的私人生活安宁和不愿被他人知晓的私密空间、私密活动、私密信息。侵犯自然人隐私的行为主要包括六和。

1. 以电话、短信、即时通信工具、电子邮件、传单等方式侵扰他人私生活安宁的行为。

2. 进入、拍摄、窥视他人的住宅、宾馆房间等私密空间的行为。

3. 拍摄、窥视、窃听、公开他人私密活动的行为。

4. 拍摄、窥视他人身体私密部位的行为。

5. 处理他人私密信息的行为。

6. 以其他方式侵害他人隐私权的行为。

本案中，张某未经杨某同意擅自在视频平台发布包含杨某大量隐私信息的聊天记录视频，严重侵犯了杨某的隐私，给其工作、生活带来了极大的负面影响，导致其精神上受到严重损害。故法院判决张某立即停止侵权行为，在地方权威报刊上公开道歉，并向杨某赔偿精神损害抚慰金。

【关键证据】

对方侵犯隐私的短信、电话录音、电子邮件内容、传单等；能够证明对方侵犯隐私的证人证言；等等。

· 法条援引 ·
《中华人民共和国民法典》

第一千零三十二条　自然人享有隐私权。任何组织或者个人不得以刺探、侵扰、泄露、公开等方式侵害他人的隐私权。

隐私是自然人的私人生活安宁和不愿为他人知晓的私密空间、私密活动、私密信息。

去世后，名誉权益就消失了吗

司某请田某帮忙，被田某拒绝，此后便对田某怀恨在心。2022年10月，田某因病去世，司某得到信息后，为泄私愤，将田某的讣告复印了十几张，并在每张复印的讣告周围都写了诽谤、谩骂的话，然后将这些复印件张贴在田某所居住小区周边。田某的妻子和儿女看到这些诽谤和谩骂后非常气愤，通过走访调查得知是司某所为，要求其赔礼道歉。司某非但没有道歉，还说田某得病是"罪有应得"。田某妻子周某遂将司某告上法庭，请求法院判令司某公开赔礼道歉，消除其对田某造成的负面影响，恢复田某名誉，并赔偿周某精神损害抚慰金。

【审判结果】

法院经审理认为，公民的名誉权依法受到保护，公民死亡后虽然主体消失，但人格权益却未曾灭失。死者名誉被侵犯的，其近亲属有权提起诉讼。本案中，司某故意捏造事实和使用极具侮辱性的语言污损田某，并广为传播，严重侵犯了田某的名誉。最终，法院判决司某在田某所居住小区的业主群和社区群内向田某的妻子和儿女公开道歉，消除影响，恢复田某名誉，并赔偿原告周某精神损害抚慰金1000元。

·解读分析·

人的身体消失了，权利能力终止了，但其人格权益依然存在，依然会受到法律的保护。假如死者的人格权益不受保护，不仅是对死者近亲属在精神上的较大损害，还是对社会公序良俗的一种挑战。因此，我国相关法律严禁采用侮辱、诽谤等方式，捏造事实，虚构情节，编造故事，或者采用侮辱性的语言，侵犯污损死者的名誉。如果侵犯了死者的名誉，造成极其恶劣的影响，死者的近亲属有权向法院提起诉讼，要求判令侵权人立即停止侵权行为，赔礼道歉，恢复名誉，并赔偿精神损害抚慰金。

近亲属可以分为两个顺位：第一顺位为死者的配偶、父母、子女；第二顺位为死者的兄弟姐妹、孙子女、外孙子女、祖父母、外祖父母。

本案中，田某去世后，司某复印其讣告，在每张复印件上书写诽谤、谩骂言语，并在田某生前所住小区周边张贴，造成了极为恶劣的影响，严重伤害了田某妻子、子女的精神，也严重侵犯了田某的名誉，因此，司某应当为侵权行为承担相应的民事责任。

【关键证据】

侵权人故意诽谤或者谩骂死者的文字、音频、视频资料；能够证明侵权人故意诽谤或者谩骂死者的证人证言；等等。

·法条援引·
《中华人民共和国民法典》

第九百九十四条　死者的姓名、肖像、名誉、荣誉、隐私、遗体等受到侵害的，其配偶、子女、父母有权依法请求行为人承担民事责任；死者没有配偶、子女且父母已经死亡的，其他近亲属有权依法请求行为人承担民事责任。

将"小三"信息公开，侵犯其隐私权吗

张先生与孟女士结婚十余年，两人育有一子，三口之家一直幸福美满。2022年3月，孟女士翻看张先生的微信时，无意间发现其与一名柳姓年轻女子存在暧昧关系。后来经过深入调查，发现该柳姓女子为张先生单位的下属，两人早在两年前就发展了男女不正当关系。面对丈夫的出轨，孟女士十分痛苦，想过离婚，但想到孩子只有7岁，如果承受父母离婚痛苦的话，可能人生轨迹自此就会改变。因此，孟女士决定原谅丈夫张先生，但却非常仇恨柳姓女子，于是便将柳姓女子的身份照片、工作单位、生活照等个人信息有意收集后发布在了某社交平台，给柳姓女子的工作和生活造成了严重影响。柳姓女子联系孟女士，要求其删除相关信息，但孟女士却以"这种曝光是正义之举"为由拒绝删除。协商无果，柳姓女子向法院提起诉讼，请求法院判令孟女士停止侵权行为，删除发布在社交平台含有其个人信息的帖文，赔偿精神损害抚慰金。

【审判结果】

法院经审理认为，公民个人隐私不容侵犯，根据警方出警记录、结案回执以及被告发布在社交平台的相关帖文，可以确认被告孟女士将原告个人信息曝光的事实。根据《中华人民共和国民法典》的相关规定，任何组织或个人不得侵害他人的隐私权，因此对原告提出的要求孟女士停止侵权行为、删除帖文的请求予以支持。另外，被告孟女士在社交平台公布原告身份照片、工作单位、生活照等个人信息的侵权行为对原告的生活和工作造成了严重影响，使原告的精神受到了损害。最终，法院判决被告孟女士删除相关曝光内容，赔偿原告精神损害抚慰金 1000 元。

·解读分析·

将插足婚姻的第三者个人信息曝光，看起来非常"解恨"，却违反了《中华人民共和国民法典》的相关规定，个人隐私受法律保护，任何组织或个人都不能采用非法的手段获取或者公开他人的隐私信息，否则就可能侵犯他人的隐私权。

在司法实践中，侵犯个人隐私权的行为主要表现为四种形式。

1. 没有经过当事人同意便收集、使用、处理其个人信息，诸如姓名、出生日期、身份证号码、住址、手机号、健康信息、生物识别信息、行踪信息等。

2. 擅自公开、泄露他人个人信息。

3. 违反规定向他人提供、出售个人信息。

4. 其他侵犯个人隐私权的行为。

本案中，孟女士先是有意地收集柳姓女子的姓名、身份照片、生活照、工作单位、住址等信息，然后擅自将这些信息公布到社交平台，属于严重侵犯柳姓女子隐私权的行为。

【关键证据】

擅自收集、使用、处理、公开个人信息的音频、视频证据，微信记录，或者相关的证人证言；等等。

·法条援引·
《中华人民共和国民法典》

第一千零三十二条　自然人享有隐私权。任何组织或者个人不得以刺探、侵扰、泄露、公开等方式侵害他人的隐私权。

隐私是自然人的私人生活安宁和不愿为他人知晓的私密空间、私密活动、私密信息。

网红的网名也有姓名权吗

徐某在某短视频平台活跃多年，由于输出的内容质量非常高，更新也快，获得了大批粉丝的追捧，成了小有名气的网红，截止到2023年11月，已拥有粉丝近200万。在直播浪潮兴起之际，徐某抓住了风口，用其网名直播带货，获得了较为丰厚的收入。2024年1月，徐某在另一视频平台发现了一个新注册账号，该账号名称和自己在某短视频平台账号名称完全一致，徐某浏览网友评论时发现很多人都将该账号认为是其本人所运营的账号。徐某遂联系该账号运营者万某，要求其立即停止侵权行为，更改账号名称。但万某认为网络是虚拟的，账号名称想叫啥就叫啥，徐某无权干涉。多次协商无果后，徐某将万某告上了法庭，请求法院判令万某停止侵权行为。

【审判结果】

法院经审理认为，原告徐某在某短视频平台使用的网名账号拥有近两百万粉丝，具有一定的社会知名度。被告万某在另一平台开设同样名称的账号，开设时间晚于徐某在某短视频平台开设账号的时间，且从万某发布的视频作品下用户留言可以判断，有很多用户将其账号误以为是徐某在运营，已经造成了混淆事实。因此，法院认定被告万某侵权行为成立。最终，法院判决万某立即停止侵权行为。

·解读分析·

姓名权，是指自然人在不违背公序良俗的前提下，依法决定、使用、变更或者许可他人使用自己的姓名的权利，是民事主体享有的重要人格权。

在司法实践中，网名也可以参照姓名权受到《中华人民共和国民法典》的保护，但前提是该网名拥有一定的社会知名度。另外，除了拥有一定的社会知名度外，网名想要参照姓名权受到《中华人民共和国民法典》的保护，还需要满足一个条件，即当其他人使用该网名时，会使得相关公众在认知上出现混淆。

假如自然人对自己的网名非常在意、重视，那么不管这个网名是否已经具备了一定的社会知名度，都可先申请相关商标保护，预防该网名被他人冒用。

本案中，徐某在某短视频平台使用的网名账号下拥有近200万粉丝，人气较高，因此被法院认定为具有一定社会知名度。万某在其他平台上以徐某所用网名开设账号，让很多人误以为是徐某在运营。因此，法院最终认定万某的侵权行为成立，判决其立即停止侵权行为。

【关键证据】

能够证明网名具有一定社会知名度的粉丝数量、市场影响力的材料；能够证明他人使用该网名后对社会大众产生误导的音频、视频、评论截图；等等。

·法条援引·
《中华人民共和国民法典》

第一千零一十七条　具有一定社会知名度，被他人使用足以造成公众混淆的笔名、艺名、网名、译名、字号、姓名和名称的简称等，参照适用姓名权和名称权保护的有关规定。

失信人的子女上私立学校会被拒吗

任某因为工厂资金周转困难，于 2022 年 6 月向郭某借款 100 万元，到期后未能偿还，郭某遂将任某告上了法庭。经法院调解，任某和郭某签订了调解协议，双方约定任某从 2023 年 5 月起分 6 期偿还郭某借款的本金和利息。调解书生效后，任某却没有按照约定履行自己的还款义务，郭某遂向法院申请强制执行。法院通过各种渠道调查发现，任某名下已经没有可供执行的财产，法院遂将任某列为失信人员，限制其高消费。后经进一步调查，发现任某的女儿在某私立学校就读，该私立学校为当地的"贵族学校"，每学期学费高达 30 万元。法院随即联系任某，通知其调查结果，督促其履行还款义务，任某当时保证一周之内还款，但到期后仍没有兑现。

【审判结果】

法院研究后，决定对任某之女就读高收费私立学校一事采取强制措施。2023 年 8 月，法院向某区教体局发送了协助执行通知书，明确表示任某属于失信人员，其女不得在某私立学校就读。同时，法院再次联系任某，告知采取的强制执行措施，任某得知后立即表示还款，并于当日清偿了全部债务。

·解读分析·

失信被执行人，简单地说就是没有履行生效法律文书确定义务的人员。这些人通常欠了别人的钱却迟迟不想归还，因为其名下只有极少或没有财产可供执行，法院也无法强制其履行还款义务。

根据《最高人民法院关于公布失信被执行人名单信息的若干规定》，以下六种情形下，被执行人拒不执行判决的会被法院纳入失信被执行人名单：

1. 自身拥有履行能力却拒不履行生效法律文书所确定义务的。

2. 采用威胁、暴力、伪造证据等方法妨碍、抗拒执行的。

3. 采用虚假诉讼、虚假仲裁或者以隐匿、转移财产等方法规避执行的。

4. 违反财产报告制度的。

5. 违反限制消费令的。

6. 无正当理由拒不履行执行和解协议的。

一旦被纳入失信被执行人名单，失信被执行人通常会被全方位惩戒，这些惩戒主要体现在五大方面。

1. 失信被执行人不得报考公务员，不得参加事业编制考试。

2. 失信被执行人子女不能就读高收费的私立学校，未录取的不得录取，已经录取的责令转到公办学校。

3. 失信被执行人网购受限，在互联网上购买奢侈品，或者购买保险理财产品、机票、列车软卧以及非经营必需车辆、度假、旅游产品等，预订三星以上宾馆、酒店等，都会受到相应限制。

4. 失信被执行人在任职上受限。失信被执行人在国有资本相关公司、事业单位、金融机构、证券公司、基金管理公司、期货公司、保险公司、融资性担保公司中的任职资格会受到限制，不能担任法人、董事、监事、高级管理人员。

5. 失信被执行人在生活上受限。失信被执行人不能乘坐列车软卧、G字头动车组列车全部座位、其他动车组列车一等以上座位、民航飞机等非生活和工作必需的消费行为；不得住星级以上宾馆酒店、国家一级以上酒店以及其他高消费住宿场所；不得参加旅行社组织的团队出境游；等等。

需要注意的是，当失信被执行人的行为触犯到《中华人民共和国刑法》时，还将面临刑事责任。

本案中，任某拒不执行已经生效的法院调解协议，违反限制消费令，屡次承诺还款却不履行还款义务，被法院认定为失信被执行人。其女就读的高收费私立学校，学费是由任某支付的，此举显然违反了法院发出的高消费限制令。因此，法院在查明任某之女就读某高收费私立学校后，向某区教体局发送了协助执行通知书，以此限制任某的高消费行为，最终推动任某全额还款付息。

【关键证据】

法院判决书或双方当事人签字的调解协议；失信被执行人名下可供法院执行的财产目录；子女就读高收费学校的相关证据材料；等等。

· 法条援引 ·
《最高人民法院关于限制被执行人高消费及有关消费的若干规定》

第三条　被执行人为自然人的，被采取限制消费措施后，不得有以下高消费及非生活和工作必需的消费行为：

（一）乘坐交通工具时，选择飞机、列车软卧、轮船二等以上舱位；

（二）在星级以上宾馆、酒店、夜总会、高尔夫球场等场所进行高消费；

（三）购买不动产或者新建、扩建、高档装修房屋；

（四）租赁高档写字楼、宾馆、公寓等场所办公；

（五）购买非经营必需车辆；

（六）旅游、度假；

（七）子女就读高收费私立学校；

（八）支付高额保费购买保险理财产品；

（九）乘坐G字头动车组列车全部座位、其他动车组列车一等以上座位等其他非生活和工作必需的消费行为。

被执行人为单位的，被采取限制消费措施后，被执行人及其法定代表人、主要负责人、影响债务履行的直接责任人员、实际控制人不得实施前款规定的行为。因私消费以个人财产实施前款规定行为的，可以向执行法院提出申请。执行法院审查属实的，应予准许。

被人打了，应如何维权

王某和刘某是邻居，2022 年 3 月，两人因为土地纠纷发生争执，情绪激动的王某伸手对刘某后脑处打了一巴掌。刘某随即倒地，伴随头晕、呕吐等症状，后被家人送入医院治疗。2023 年 3 月，刘某向法院提起诉讼，请求法院判令王某赔偿治疗费、护理费、交通费5000 元。

【审判结果】

法院经审理认为，被告王某侵害了原告刘某的身体权、健康权，被告王某应当承担相应的赔偿责任。综合刘某提交的住院期间的医疗、护理、交通等费用单据，法院最终判决王某赔偿刘某 4500 元。

·解读分析·

根据《中华人民共和国民法典》的相关规定，自然人的身体权和健康权是受法律保护的，任何人不得侵犯。被人打了一巴掌，看似"轻微"，实则已经侵犯了身体权和健康权，打人者可能面临两种后果：

没有给对方造成身体上的伤害，对方也没有起诉，则需要赔礼道歉；如果被对方起诉，则需承担相应的侵权责任。

若造成对方轻微伤的，便构成了治安管理案件，公安机关给予治安处罚；如果导致对方轻伤以上，则会构成刑事案件，由公安机关立案侦查，人民检察院依法公诉，法院依法追究刑事责任。

【关键证据】

被打时的监控视频、手机录像或者相关证人证言；医院诊断书，住院病历；警方出警记录和调查结果；等等。

·法条援引·
《中华人民共和国民法典》

第一千一百七十九条　侵害他人造成人身损害的，应当赔偿医疗费、护理费、交通费、营养费、住院伙食补助费等为治疗和康复支出的合理费用，以及因误工减少的收入。造成残疾的，还应当赔偿辅助器具费和残疾赔偿金；造成死亡的，还应当赔偿丧葬费和死亡赔偿金。

什么情况下算强奸

2022年5月20日，颜某和刘某参加单位组织的聚餐，其间两人均大量饮酒。当日24时左右聚餐结束后，因刘某处于醉酒状态无法独立行走，颜某遂与其一起搭乘出租车离开，送刘某回家。见刘某一直没有清醒，颜某遂产生与其发生性关系的想法。下车后，颜某将刘某带到某酒店，然后强行与其发生了性关系。第二天，发现自己被侵犯后，刘某报警，警方以涉嫌强奸罪对颜某采取刑事强制措施，之后检察机关对颜某提起公诉。

【审判结果】

法院经审理认为，被告人颜某趁被害人刘某醉酒失去意识后，在未经刘某同意的情形下强行与其发生了性关系，其行为构成了强奸罪。最终，法院判决颜某犯强奸罪，判处有期徒刑三年六个月。

·解读分析·

构成强奸罪，需要同时满足四个要件。

要件一：行为人必须违背了妇女的意志，使用了暴力胁迫或者其他手段，使得妇女处于不能反抗、不知反抗或者不敢反抗的状态，抑或利用妇女处于不知、无法反抗的状态而趁机与其发生性关系。

要件二：行为人侵犯的客体是妇女的性权利，即妇女按照自己意志决定正当性行为的权利。假如侵犯对象是幼女，不管幼女是否自愿，是否服从，都构成强奸罪。

要件三：行为人必须具有主观故意，即一开始便以强奸为目的，强行与被害人发生性行为。假如以性交以外的行为满足性欲的，则不会构成强奸罪，诸如搂抱、抠摸等猥亵行为。

要件四：行为人是需要负刑事责任的自然人，即年满十四周岁具有刑事责任能力的男子。

本案中，颜某具有强奸的主观意愿，趁刘某醉酒不知反抗将其带到酒店，强行与其发生性关系的行为，明显违背了刘某的意志，构成了强奸罪。

【关键证据】

能够证明强奸行为存在的音频、视频、聊天记录等；被害人的陈述；犯罪嫌疑人的供述；现场遗留的物证；从被害人身体上提取的犯罪嫌疑人的体液、指纹、毛发；直接感知案情的第三人的证言证词；等等。

·法条援引·
《中华人民共和国刑法》

第二百三十六条　以暴力、胁迫或者其他手段强奸妇女的，处三年以上十年以下有期徒刑。

奸淫不满十四周岁的幼女的，以强奸论，从重处罚。

强奸妇女、奸淫幼女，有下列情形之一的，处十年以上有期徒刑、无期徒刑或者死刑：

（一）强奸妇女、奸淫幼女情节恶劣的；

（二）强奸妇女、奸淫幼女多人的；

（三）在公共场所当众强奸妇女、奸淫幼女的；

（四）二人以上轮奸的；

（五）奸淫不满十周岁的幼女或者造成幼女伤害的；

（六）致使被害人重伤、死亡或者造成其他严重后果的。

第七章
道路与交通

免费搭乘顺风车发生事故，
可以要求驾驶人赔偿吗

　　章某和李某为同事关系，居住在同一小区。2022 年 6 月，李某因为右脚受伤导致上班极为不便，章某出于好意让李某免费搭乘自己的小型汽车上下班。2022 年 7 月，章某在上班途中因接听电话导致方向盘操作失误，撞到了路边一块大石头上，致使坐在副驾驶位上且没系安全带的李某身体多处受伤。经过交通管理部门认定，章某在这次交通事故中负全部责任。让章某没想到的是，李某竟然要求章某赔偿，章某不能接受。双方协商不成，李某向法院提起了诉讼，请求法院判令章某和公路管养中心赔偿自己的医疗费、误工费、精神损害抚慰金等共计 19 万余元。

【审判结果】

　　法院经审理认为，事故发生时，章某并不存在无证驾驶、醉驾等重大过失，也非主观故意，搭载李某也未收取任何费用，李某属于无偿搭乘，符合《中华人民共和国民法典》规定的"好意同乘"规定，因此应适当减轻章某的赔偿；公路管养中心未能及时发现并清理公路上妨碍交通的障碍物，未能尽到相应的管理维护义务；李某未系安全带，自身也存在过错。最终，法院综合故事原因、导致的后果以及各方过错，判决章某承担 50% 的责任，赔偿李某 93530 元；

公路养护中心承担 20% 的责任，赔偿李某 37412 元；李某自负 30% 的责任。

·解读分析·

好意同乘，我们可以简单理解为"搭便车"，即非营运的机动车驾驶员出于亲情、友情等方面的考虑，在上下班、出游途中无偿搭载自己的亲朋好友、邻居、同事等的情形。

我们可以从三个方面理解好意同乘规则。

其一，在好意同乘规则下，发生交通事故导致乘员受伤的，应当适度减轻机动车驾驶人的责任。之所以这样规定，原因有二：一方面，非营运的机动车驾驶人同意无偿搭载其他人，是出于好意、善意，这种行为符合公序良俗，应当积极倡导；另一方面，在大多数好意同乘事故中，通常驾驶人和搭乘人都会受伤，要求驾驶人全面赔偿无偿搭乘人的损失，显然非常苛刻，对弘扬社会主义道德观无益，很容易导致社会的冷漠、人情的淡薄、世态的炎凉。

其二，在好意同乘规则下，发生交通事故后，机动车驾驶人的责任只能减轻而不能免除。无偿搭乘并不意味着甘冒发生交通事故的风险，机动车驾驶员应当尽到足够的注意义务。也就是说，在好意同乘规则下，机动车驾驶人的责任适用的是过错责任原则，适度减轻驾驶人责任是出于鼓励人际友善的目的，驾驶人应当承担的相应法律责任则不能免除。

其三，在好意同乘规则下，因为机动车驾驶人主观故意或者重大过失导致交通事故的，驾驶人的责任不会减轻。比如，驾驶人驾驶车辆闯红灯、逆行、在高速公路上故意停车等导致交通事故的，驾驶人需要承担的责任不能减轻。

本案中，章某出于好心无偿搭载同事李某上下班，途中发生交通事故也并非出于主观故意和重大过失，符合《中华人民共和国民法典》规定的好意同乘规则，因此，章某对李某因交通事故受伤这一损害承担的责任应适度减轻。

【关键证据】

车辆家用的证人证言；搭乘其他人员未曾收费的音频、视频资料、微信聊天记录或证人证言；交通管理部门出具的道路交通事故责任认定书；等等。

·法条援引·
《中华人民共和国民法典》

第一千二百一十七条 非营运机动车发生交通事故造成无偿搭乘人损害，属于该机动车一方责任的，应当减轻其赔偿责任，但是机动车使用人有故意或者重大过失的除外。

私自驾驶单位车辆发生交通事故，单位需要担责吗

2023 年11月，赵某驾驶小型汽车通过某路口时，和丁某驾驶的两轮电动车发生碰撞，导致丁某右腿骨折住院治疗。经交通管理部门认定，赵某负此次交通事故的全部责任，丁某无责。赵某驾驶的小型汽车并非本人所有，而是登记在某汽车4S店名下，赵某为该4S店员工，事发时，赵某私自驾驶公司车辆办理个人事务。2023年12月，丁某将赵某、某汽车4S店以及涉事车辆投保交强险的保险公司

一起告上了法院，请求法院判决三被告赔偿其治疗费、误工费、护理费等各项损失。

【审判结果】

法院经审理认为，涉案车辆投有交强险，丁某因交通事故造成的损失应当先由交强险在保险范围内承担赔偿责任。赵某私自驾驶单位车辆，赵某所在某汽车 4S 店对车辆管理存在疏忽。因此，超出交强险理赔范围的赔偿，应当由赵某和某汽车 4S 店共同承担。

· 解读分析 ·

驾驶单位公车发生交通事故，用人单位需不需承担责任，需要根据具体情况具体分析。

第一，用人单位工作人员驾驶单位车辆办理单位事务时，发生交通事故需要赔偿的，用人单位承担赔偿责任。判断发生交通事故时工作人员是否在办理单位事务，主要有三个标准：事故发生的时间是否为工作时间；工作人员的行为是否以用人单位的利益为出发点；工作人员驾驶单位车辆的行为是否经过用人单位同意和批准。

第二，假如发生事故的单位车辆为工作人员私自使用，需要赔偿时，用人单位需要承担过错责任。在这种情况下，员工没有经过单位同意私自用车，其应当对受害人承担车辆保险范围之外的赔偿责任，但用人单位作为车辆的管理方，存在管理上的过错，也需要承担与过错相对应的赔偿责任。

第三，假如发生事故的单位车辆属于工作人员私自借出，应当由实际驾驶人承担赔偿责任。但用人单位对所属车辆存在管理上的义务，在没有尽到相关义务的时候，应当承担与自身过错相对应的赔偿责任。

本案中，某汽车4S店员工在没有经过单位同意的情况下驾驶公车办理私人事务，属于私自驾驶单位车辆，事故发生后，其应当对丁某保险赔偿范围外的损失进行赔偿，某汽车4S店在这次事故中存在车辆管理上的过错，也应当承担对应的赔偿责任。

【关键证据】

事故发生时能够证明正在执行公务的音频、视频资料或证人证言；等等。

·法条援引·
《中华人民共和国民法典》

第一千二百一十二条　未经允许驾驶他人机动车，发生交通事故造成损害，属于该机动车一方责任的，由机动车使用人承担赔偿责任；机动车所有人、管理人对损害的发生有过错的，承担相应的赔偿责任，但是本章另有规定的除外。

车借他人发生交通事故，
车主需要担责吗

2023年11月，姚某找到了好友卢某，想借用其私家车外出办事。两人平时交情很"铁"，卢某没多想便将钥匙给了姚某。姚某驾驶卢某的机动车上路后，认为车的性能非常棒，所以有心试一试，便加大了油门、飙起了车。行驶一段距离后，由于对路况不熟悉，再加上车速过快，姚某驾驶的车辆撞到了正在路边散步的刘某，导致刘某双腿骨折。交警认定姚某负有此次事故的全部责任，刘某无责。

事后，由于赔偿问题协商不成，刘某将姚某和车主卢某一起告上了法庭，请求法院判令二被告赔偿自己医药费、住院费、误工费、营养费、精神损害抚慰金等共计 15 万元。

【审判结果】

法院经审理认为，根据《中华人民共和国民法典》的相关规定，机动车实际驾驶人为姚某，交通管理部门出具的道路交通事故责任认定书认定姚某对事故的发生承担全部责任，而卢某作为机动车的所有人在这起事故中并不存在任何过错，因此无须承担赔偿责任。最终，法院判决姚某承担机动车保险赔偿范围外的全部责任，驳回刘某的其他诉讼请求。

·解读分析·

根据《中华人民共和国民法典》等相关法律法规，机动车出借人只有在自身有过错的情况下才需要承担相应的赔偿责任。

通常在四种情况下机动车发生交通事故时，出借人会承担相应的赔偿责任。

1. 出借人知道或者应当知道机动车存在缺陷，并且经过相关部门鉴定该缺陷是导致交通事故发生的原因之一。比如，明知道刹车系统有问题，还将车借出去，之后因为刹车问题出了交通事故，车主便需要担责。

2. 知道或者应当知道借车人没有驾驶执照或者没有相应的驾驶资格，仍然将车借给对方。比如，借车人知道对方的驾照已经被吊销，但在对方借车时依然给了车钥匙，发生交通事故时，借车人便需要为此担责。

3. 知道或者应当知道借车人喝了酒、服用了国家管制的精神药品或者麻醉药物，抑或患有妨碍安全驾驶疾病的，仍然将机动车借给对方，发生交通事故后，车主需要为事故承担相应的责任。

4.其他机动车所有人或者管理人有过错的情形。

本案中，机动车所有人卢某并不存在上述过错，借车人姚某驾驶机动车发生交通事故的主要原因在于其操作不当，因此卢某并不需要为此次交通事故承担任何责任。

【关键证据】

车辆年检合格检测报告单；能够证明自身对借车人不具备驾驶资格或服用管制精神类药品等不知情的音频、视频或微信聊天记录；等等。

·法条援引·
《中华人民共和国民法典》

第一千二百零九条 因租赁、借用等情形机动车所有人、管理人与使用人不是同一人时，发生交通事故造成损害，属于该机动车一方责任的，由机动车使用人承担赔偿责任；机动车所有人、管理人对损害的发生有过错的，承担相应的赔偿责任。

突发情况紧急避险造成交通事故，怎么判定责任

2024年3月，郑某驾驶小轿车下班回家，途中一辆行驶在对向车道的小型厢式货车突然侵入郑某所在的车道加速超车。眼看两车

就要相撞，郑某下意识地向右侧猛打方向盘，导致车辆与路旁行道树相撞，造成车辆受损。交通管理部门认定两车并未接触，无法查明事故原因，因此未对该事故进行责任确认。郑某将逆向超车驾驶员陆某与其车辆投保的保险公司一起告上了法庭，请求法院判令二被告赔偿自己的车辆损失 15690 元。

【审判结果】

法院经审理认为，原告郑某驾车发生事故前遭遇的险情是客观存在的，其躲避行为具有不得已性质，是为了避免造成更大损失，造成的损失小于和被告陆某驾驶的厢式货车相撞所造成的损失，因此原告驾车行为符合紧急避险情况。根据《中华人民共和国民法典》的相关规定，因紧急避险造成损害的，由引起险情发生的人承担责任。最终，法院根据郑某车辆损失鉴定，判决被告陆某和其车辆投保的保险公司赔偿郑某各项损失 9000 元。

·解读分析·

紧急避险，是指为了使社会公共利益、本人或者他人的合法权益免受更大的损害，不得已而采取的紧急措施。司法实践中，紧急避险的认定非常严苛，必须同时满足三个要件。

要件一：面对的险情必须客观存在。当事人采取行动前，所面对的险情不是将要发生的，而是正在发生的威胁到本人、社会公共利益或者其他人合法权益的危险。

要件二：具有不得已性。面对正在发生的危险，行为人没有其他可行的办法避险，在迫不得已的情况下采取了引发事故的行为。

要件三：避险不能超过必要的限度。紧急避险行为造成的损害不能大于不采取避险措施必然造成的损害。

本案中，郑某面对的险情是客观存在的，即侵入自己车辆所在车道急速驶过来的小型厢式货车，面临两车高速相撞的危险。在如此险境下，郑某的避让行为迫不得已，且相对于两车相撞的损失，向右避让导致车辆撞到行道树的损失更小。因此，郑某驾车的行为属于紧急避险，由此造成的损失应当由引起险情的小型厢式货车驾驶员陆某和其车辆保险承保的保险公司承担。

【关键证据】

交通事故发生时现场周边的监控录像、目击证人、行车记录仪视频；交通管理部门出具的道路交通事故责任认定书；等等。

·法条援引·
《中华人民共和国民法典》

第一百八十二条　因紧急避险造成损害的，由引起险情发生的人承担民事责任。

危险由自然原因引起的，紧急避险人不承担民事责任，可以给予适当补偿。

紧急避险采取措施不当或者超过必要的限度，造成不应有的损害的，紧急避险人应当承担适当的民事责任。

酒后发生交通事故，
同饮人需要担责吗

2024 年 3 月，王某与好友赵某、李某相约到市中心某酒吧小聚，三人共饮了一瓶白酒、十二瓶啤酒。聚会结束后，三人在酒吧门口分开，王某驾驶两轮摩托车离开，赵某和李某则未对王某酒后驾车的行为进行劝阻，待王某驾驶两轮摩托车离开后，二人打车各自回家。王某在驾驶两轮摩托车回家的路上，因超速导致车辆摇摆撞到道路中间的护栏摔倒，当场死亡。后经交警鉴定，事故发生时，王某体内血液乙醇含量为 300mg/100ml，超过醉驾标准三倍多，认定王某对此次事故负全部责任。王某家人认为，三人聚会结束时王某便已呈现为醉酒状态，赵某和李某一没有对王某尽到妥善照顾义务；二没有劝阻王某醉酒驾车行为，未尽到相应的安全保障责任，对王某之死负有不可推卸的责任。因此，王某家人一纸诉状将赵某和李某告上了法庭，请求法院判决二人赔偿丧葬费、死亡赔偿金和精神损害抚慰金共计 18 万元。

【审判结果】

法院经审理认为，王某与两被告聚餐后严重醉酒且超速行驶，是造成交通事故的原因，对其自身死亡应当承担主要责任。被告赵某和李某作为王某的共同饮酒人，在明知王某醉酒的情况下，却对其驾驶机动车回家的行为未进行劝阻，存在一定的过错，应当对王某的死亡承担连带责任。最终，法院判决王某对自身死亡承担 90%的责任，被告赵某和李某各自承担 5% 的责任。

·解读分析·

在生活和工作中，三五亲朋好友聚在一起喝酒，属于正常的社交行为，其本身并不会产生法律上的权利和义务关系。但需要注意的是，《中华人民共和国民法典》等相关法律法规规定了共同饮酒人之间有安全注意的义务，因未尽到该义务而导致共同饮酒人伤亡的，需要承担相应的民事责任。在司法实践中，共同饮酒人需要尽到的安全注意义务主要包括两方面。

一方面为提醒、劝阻、通知义务。当一起喝酒的人的行为有可能导致自身或其他人受到伤害时，一起喝酒的其他人有提醒对方的义务，有劝阻对方不要作出某种行为的义务，也有通知对方家人的义务。如果未尽到提醒、劝阻、通知义务，共同饮酒人因其自身行为或外在因素伤亡的，其他共同饮酒人需要承担一定的民事责任。

另一方面为帮扶、照顾、护送义务。共同饮酒人之间有帮扶、照顾、护送的义务，比如帮助醉酒人醒酒，替醉酒人叫代驾，或者护送醉酒人安全到家等等。如果未能尽到相关义务，醉酒人出事的，共同饮酒人需要承担相应的民事责任。

本案中，王某醉酒后，作为共同饮酒人，赵某和李某应当对其醉酒驾驶机动车的行为予以劝阻，护送其安全到家。如果出现突发状况，应当及时通知王某的家属，或者拨打急救电话。因为未尽到共同饮酒人应当履行的安全义务，赵某和李某应当对王某的死亡承担相应的民事责任。

【关键证据】

聚餐结束后对醉酒人驾驶机动车行为进行提醒、劝阻的音频、视频或在场其他见证人的证言；在出现突发情况时及时通知醉酒人家属的电话录音、微信聊天记录；能够证明共同饮酒人对醉酒人帮扶、照顾、护送的音频、视频资料和证人证言；等等。

·法条援引·
《中华人民共和国民法典》

第一千一百六十五条　行为人因过错侵害他人民事权益造成损害的，应当承担侵权责任。

依照法律规定推定行为人有过错，其不能证明自己没有过错的，应当承担侵权责任。

被"碰瓷"致人伤亡，
驾驶人应当担责吗

2023 年，刚刚拿到驾驶证三个月的刘某下班后开车回家，驶出停车场后发现道路非常拥堵，便停在路边玩起了手机，打算等高峰过后再回家。刘某的行为被一直站在路边观察过往车辆的陆老太看在眼中，陆老太悄悄接近刘某的车辆，趁其玩手机不注意时悄悄躺在了刘某车辆的前轮处，打算"碰瓷"讹一笔钱。此时，刘某也将手机放下，观察车辆四周无人后打亮左转灯，踩了油门，导致车辆从陆老太身上碾压而过。听到陆老太的惨叫后，刘某立即下车查看，并拨打 120 将陆老太送到医院抢救，但遗憾的是，因为伤势过重，陆老太最终没能抢救过来。事后，交通管理部门通过查看事故发生地周边监控视频、刘某车辆行车记录仪，发现陆老太是趁刘某不注意时故意躺在刘某驾驶车辆的前轮处的，刘某在启动车辆前也尽到了观察义务，打了左转向灯，因此认定陆老太负此次事故的全部责任，刘某无责。陆老太家人不服，遂向法院提起诉讼，请求法院撤销交通管理部门出具的道路交通事故责任认定书，刘某及其车辆承保的保险公司赔偿丧葬费、死亡赔偿金等各项费用 100 万元。

【审判结果】

法院经审理认为，陆老太是趁被告刘某不注意，自己躺到涉案车辆前轮处的，被告刘某在车辆启动前转头观察了四周，且打了左转向灯，尽到了注意义务和安全责任。最终，法院判决驳回被告全部诉讼请求。

·解读分析·

根据我国相关法律法规，机动车与非机动车驾驶人、行人之间发生交通事故时，需要根据具体情况认定机动车驾驶人的责任。

1.非机动车驾驶人、行人没有过错的。假如非机动车驾驶人、行人在交通事故中不负任何责任，那么机动车一方需要承担赔偿责任。

2.非机动车驾驶人、行人有过错，机动车一方也有过错的。假如机动车驾驶人能够证明非机动车驾驶人、行人自身存在过错，那么可以根据机动车驾驶人、行人的过错程度适当减轻机动车一方的赔偿责任。

3.非机动车驾驶人、行人有过错，机动车一方没有过错的，机动车一方需要承担不超过百分之十的赔偿责任。

4.非机动车驾驶人、行人故意碰撞机动车造成的交通事故，机动车一方不承担赔偿责任。

可见，因非机动车驾驶人、行人故意碰撞机动车而造成的交通事故损失，机动车驾驶人不承担任何赔偿责任。

本案中，陆老太以故意讹钱为目的，趁驾驶人刘某不注意，躺在其机动车前轮前，具有非常强烈的主观故意性。而刘某在车辆启动前转头观察了四周，打了左转向灯，尽到了注意义务，所以刘某不需要承担任何赔偿责任。

【关键证据】

事故发生地点的监控视频；事故发生前后的机动车行车记录仪视频；看到事故发生经过的证人证言；拨打120抢救伤者的电话录音；等等。

·法条援引·
《中华人民共和国道路交通安全法》

第七十六条　机动车发生交通事故造成人身伤亡、财产损失的，由保险公司在机动车第三者责任强制保险责任限额范围内予以赔偿；不足的部分，按照下列规定承担赔偿责任：

（一）机动车之间发生交通事故的，由有过错的一方承担赔偿责任；双方都有过错的，按照各自过错的比例分担责任。

（二）机动车与非机动车驾驶人、行人之间发生交通事故，非机动车驾驶人、行人没有过错的，由机动车一方承担赔偿责任；有证据证明非机动车驾驶人、行人有过错的，根据过错程度适当减轻机动车一方的赔偿责任；机动车一方没有过错的，承担不超过百分之十的赔偿责任。

交通事故的损失是由非机动车驾驶人、行人故意碰撞机动车造成的，机动车一方不承担赔偿责任。

为避开行人导致车内乘客伤亡，行人应当被追责吗

2021 年 12 月，王某骑电动自行车上班途中，因操作不当撞上了非机动车道和机动车道中间的隔离墩，摔在了机动车道一辆正在行驶的公交车前。为了避免碾压到王某，公交车司机李某紧急刹车制动，导致公交车内乘客谢某十级伤残。谢某将公交公司告上了法庭，要求公交公司赔偿各项损失 14.5 万元。公交公司赔偿后，认为王某操作不当是导致公交车内乘客受伤的直接原因，因此将王某起诉至法院，请求法院判令王某赔偿公交公司赔付给谢某的 14.5 万元。

【审判结果】

法院经审理认为，公交车司机李某在面临王某突然摔入机动车道且公交车即将碾压到她的险情时，采取紧急刹车的措施具有紧迫性和正当性，避免了更大交通事故的发生，属于紧急避险。公交车驾驶人李某采取措施恰当，没有超出必要的限度，根据《中华人民共和国民法典》的相关规定，因紧急避险造成损害的，由引起险情发生的人承担民事责任。由于公交公司表示自愿减少应赔金额 1 万元，最终法院判令被告王某赔偿公交公司 13.5 万元。

·解读分析·

机动车驾驶人因为行人采取的紧急措施符合紧急避险时，即面临正在发生的险情、采取的措施具有迫不得已性、避免了更大损失的产生，那么紧急避险行为导致的损失，应当由引发险情的人承担。

本案中，公交车驾驶人李某面对的险情真实存在，即王某突然

摔倒在机动车道内，其驾驶的公交车眼看就要碾压王某。在这种紧急情况下，公交车驾驶人李某迫不得已采取了紧急刹车措施，避免了更大的交通事故，这种措施是恰当的，不应当过分苛责。因此，作为引发险情的人，王某需要承担民事责任，赔偿因公交车紧急刹车造成乘客谢某受伤的损失。

【关键证据】

事发时的监控视频；行车记录仪视频；看到事故发生经过的证人证言；等等。

· 法条援引 ·
《中华人民共和国民法典》

第一百八十二条　因紧急避险造成损害的，由引起险情发生的人承担民事责任。

危险由自然原因引起的，紧急避险人不承担民事责任，可以给予适当补偿。

紧急避险采取措施不当或者超过必要的限度，造成不应有的损害的，紧急避险人应当承担适当的民事责任。

雇员因交通事故伤亡，
雇主和肇事司机的赔偿责任如何分担

柳某受雇于某汽车运输公司，双方之间签订有劳务合同。2023年1月，柳某在公司工作期间，被李某驾驶的小轿车撞倒身亡。后经交通管理部门认定，李某负此次事故的全部责任，柳某不承担责任。之后柳某的家人将李某、某保险公司告上法庭，法院判决某保险公司在交强险以及商业三者险责任限额内赔偿原告医疗费、死亡赔偿金、精神损害抚慰金、丧葬费等各项费用共计 90 万元。该判决生效履行完毕后，柳某家人又将某汽车运输公司告上法庭，认为其作为柳某雇主，也应该对柳某进行适当的赔偿。

【审判结果】

法院经审理认为，原告和被告都认可柳某与某汽车运输公司存在劳务关系，按照《中华人民共和国民法典》的相关规定，涉案交通事故发生后，原告已经向承担全部责任的李某以及某保险公司主张赔偿且对方也已履行完毕。现原告再次主张某汽车运输公司承担雇主责任并没有任何法律依据。最终，法院驳回了原告的诉讼请求。

·解读分析·

本案中，柳某在工作期间因被李某驾驶的小汽车撞倒身亡，某汽车运输公司与柳某存在劳务关系，因此，可以认定柳某身亡是基于交通事故侵权和雇佣活动这两个行为导致的。

柳某的家人可以基于交通事故侵权这一行为要求肇事者李某承担赔偿责任，也可以基于劳务关系要求雇主某汽车运输公司承担损害赔偿责任。但需要注意的是，劳务关系和交通肇事这两个行为只导致柳某身亡这一个损害后果，因此，当柳某家人对其中一方主张赔偿责任后，便不能再主张另一方赔偿。

对于雇主某汽车运输公司而言，假如柳某家人首先向其主张全部损害赔偿责任，那么其赔偿后可以向交通事故直接责任人李某和其车辆承保的保险公司追偿。

【关键证据】

交通事故发生时员工正在工作的监控视频或证人证言；交通管理部门出具的交通事故责任认定书；员工或其家人向另一方主张赔偿后法院的判决书；等等。

·法条援引·
《中华人民共和国民法典》

第一千一百九十二条　个人之间形成劳务关系，提供劳务一方因劳务造成他人损害的，由接受劳务一方承担侵权责任。接受劳务一方承担侵权责任后，可以向有故意或者重大过失的提供劳务一方追偿。提供劳务一方因劳务受到损害的，根据双方各自的过错承担相应的责任。

提供劳务期间，因第三人的行为造成提供劳务一方损害的，提供劳务一方有权请求第三人承担侵权责任，也有权请求接受劳务一方给予补偿。接受劳务一方补偿后，可以向第三人追偿。

第八章
房产、物权、租房

为避税，买卖房产可以签"阴阳合同"吗

2022 年 9 月 17 日，翁某和温某经过协商，在银行签订了《房地产买卖契约》，主要内容为：翁某将位于某市文化路某小区的一套花园洋房出售给温某，房屋成交价为 200 万元人民币。翁某同意温某以"首付 50 万元 + 银行贷款 150 万元"的形式一次性支付购房款。该合同签订后，温某向银行提交了二手房屋贷款申请，双方签订了《个人购房借款合同》。2022 年 9 月 26 日，出于节省过户税的目的，翁某和温某又签订了一份《房屋买卖合同》，主要内容为：温某购买翁某位于某市文化路某小区房产一套，双方约定该房款价格为 90 万元人民币。当天，翁某和温某在不动产交易中心完成房屋过户手续，温某随即将约定的 50 万元首付款汇到翁某指定账户，某银行根据温某的申请将 150 万元贷款发放到温某账户。但三个月后，温某却将翁某告上了法庭，请求法院判令翁某返还多收取的 110 万元购房款。

【审判结果】

法院经审理认为，原告温某与被告翁某在买卖房屋过程中签订了两份标的相同但价款不同的合同，性质为"阴阳合同"。原告为了办理房屋贷款，在某银行与被告签订《房地产买卖契约》，约定涉案房屋总价为人民币 200 万元，且之后原告与某银行签订的《个

人购房借款合同》中也载明涉案房屋价款为人民币 200 万元，某银行已经按照借款合同将贷款实际发放到原告温某的账户，原告也按照该合同的约定将首付款人民币 50 万元汇到被告翁某账户，翁某也将涉案房屋产权转移到原告温某名下，因此该《房地产买卖契约》合法有效。原告温某与被告翁某签订的《房屋买卖合同》是以节省过户税为目的的，未实际履行，且对国家利益造成了损害，根据我国相关法律规定，该合同为无效合同。最终，法院判决驳回原告所有诉求。

·解读分析·

"阴阳合同"，也叫"大小合同"，是指当事人就同一事项签订了两份合同，其中一份为金额较小的"阳合同"，主要用于向主管机关备案、登记、纳税；另一份则为合同金额较大的"阴合同"，为当事人实际履行的合同，目的是逃税或者少缴税。在交易房产时，为了省钱，买卖双方有时候也会这样做。这种行为表面上是"赚大了"，实则潜藏着巨大的风险，具体有以下一些风险。

1.卖方可能赔了房子还赔钱。从法律形式上看，用来办理房屋权属过户的合同通常会比买卖双方私自签订的合同更具外在的法律效力，在某种情况下，法院也可能会采信在房屋产权交易部门过户登记备案的低价合同。如此一来，卖方便会面临赔了房子还赔钱的结局。

2.再次交易时多交税。采用"阴阳合同"，虽然买的时候省了钱，但是假如该房屋再次出售的话，由于其在产权交易部门登记备案的购入价格远远低于实际成交价格，房屋纸面上的增值额便会远大于实际增值额，因此需要缴纳的个人所得税会更多。

3.房屋过户行为撤销。买卖双方只有先签订房屋管理部门指定的制式合同，才能办理房屋过户手续。假如因为"阴阳合同"问题被法院认定该指定合同无效，那么基于该指定制式合同的房屋过户行为也可能被撤销。

4. 可能面临巨额罚款或被追究刑事责任。一旦被税务机关认定为偷税，除了需要补缴税款外，还需要缴纳成倍的罚款。一旦构成偷税罪，触犯《中华人民共和国刑法》，还会被追究刑事责任。

【关键证据】

按照高价"阴合同"约定的房屋首付款转账记录、银行贷款合同、银行贷款发放证明等资料；等等。

·法条援引·
《中华人民共和国民法典》

第一百四十六条　行为人与相对人以虚假的意思表示实施的民事法律行为无效。

以虚假的意思表示隐藏的民事法律行为的效力，依照有关法律规定处理。

开发商迟迟不给办房本，该如何维权

2019年3月1日，刘某与某房地产开发公司签订了《商品房买卖合同》，该公司将其开发的某小区一套商品房出售给刘某，并承诺在商品房交付使用之日起90天内为刘某办理不动产权证书。但是直到 2022 年 6 月 30 日，该房地产开发公司已经交房 300 多天，且刘某全部付清房款时，该房地产开发公司都没有按照《商品房买卖合同》中的相关约定为刘某办理不动产权证书。按照该《商品房买卖合同》中的相关条款，该房地产开发公司若违约超期办理不动产权证书，应按照已收房款的总额，以银行同期贷款利率的 1.5 倍赔偿违约金。2023 年 8 月 30 日，刘某一纸诉状将该房地产开发公司告上法庭，请求法院判令其赔偿违约金 3.8 万余元。

【审判结果】

法院经审理认为，原告刘某与被告某房地产开发公司在平等自愿基础上签订的《商品房买卖合同》系双方真实意思表示，未违反法律、行政法规的强制性规定，合法有效。原告刘某已经按照合同约定向被告某房地产开发公司支付了全部购房款项，但被告某房地产开发公司却未能按照合同约定为原告办理不动产权证书，构成违约的事实清楚，应当按照双方约定承担违约责任。最终，法院判令某房地产开发公司支付刘某逾期办证违约金 3.8 万余元。

· 解读分析 ·

根据《最高人民法院关于审理商品房买卖合同纠纷案件适用法律若干问题的解释》相关规定，因为出售房屋的一方原因，房屋购买人未能取得不动产权证书的，除了双方之间有特殊约定外，在以下三种情况下出售房屋的一方需要承担违约责任。

第一种情况：商品房买卖合同中约定的办理不动产登记的期限。如果出售房屋的一方和房屋购买人在房屋买卖合同中明确约定了办理不动产权证书的期限，那么房屋出售方就必须在约定期限内为房屋购买人办理不动产权证书，否则就需要承担相应的违约责任。

第二种情况：商品房买卖合同的标的物还没有建成房屋的，自房屋交付使用之日起 90 日内，没有为房屋购买人办理不动产权证书的，应当承担相应违约责任。

第三种情况：商品房买卖合同标的物是已经竣工的房屋的，自合同订立之日起 90 日内未能给房屋购买人办理不动产权证书的，需要承担相应违约责任。

本案中，刘某与某房地产开发公司在《商品房买卖合同》中约定了不动产权证书办理的期限，但该房地产开发公司在期限截止之后 300 多天还未能给刘某办理不动产权证书，明显违背了《商品房买卖合同》中的约定，因此应该根据该合同中双方约定的违约条款承担违约责任。

【关键证据】

双方在《商品房买卖合同》中约定的不动产权证书办理期限以及违约条款；房地产开发商未能如期办理不动产权证书的音频、视频资料或微信聊天记录；等等。

·法条援引·
《中华人民共和国民法典》

第五百七十七条　当事人一方不履行合同义务或者履行合同义务不符合约定的，应当承担继续履行、采取补救措施或者赔偿损失等违约责任。

财产抵押期间，
抵押人可以将抵押物转让给其他人吗

由于急需资金，2022年3月，王某将自有的一套商品房向某银行抵押贷款。2022年6月，王某又通过某中介公司与赵某签订了《二手房屋买卖合同》，双方在合同中约定：赵某付清房款首付款7天内由王某进行解押，付清全款30天内办理房屋权属变更登记手续。赵某付清全款后，因为该套房屋价格上涨，王某不想继续履行签订的《二手房屋买卖合同》，在赵某请求王某配合自己办理房屋权属变更手续时，以"出售有抵押的房屋必须经过抵押产权人同意"为由，认为二者签订的《二手房屋买卖合同》无效，拒不配合赵某办理房屋权属变更手续。赵某遂向法院提起诉讼，要求法院判令王某继续履行双方签订的《二手房屋买卖合同》。

【审判结果】

法院经审理认为，根据《中华人民共和国民法典》的相关规定，原告赵某与被告王某在平等自愿基础上签订的《二手房屋买卖合同》合法有效，且原告已经履行了自己的合同义务。最终，法院判令被告王某继续履行《二手房屋买卖合同》，在判决生效后三十日内配合原告赵某办理涉案房屋权属变更手续。

·解读分析·

《中华人民共和国民法典》对抵押财产在抵押期间的转让作了明确的规定。

第一，抵押人拥有转让抵押财产的权利。

第二，抵押人在转让抵押财产时对抵押权人负有通知义务。为了保护抵押权人的切身利益，维护正常的交易顺序，抵押期间，抵押人将抵押的财产转让给其他人时，需要及时通知抵押权人。

第三，抵押权人享有提前清偿的权利。如果抵押人在财产抵押期间转让相关抵押财产，抵押权人认为该转让行为有可能损害到自己的抵押权时，可以要求抵押人将转让价款优先清偿债务或提存。

本案中，王某以"出售有抵押的房屋必须经过抵押产权人同意"为由，认为其与赵某签署的《二手房屋买卖合同》无效，并不符合《中华人民共和国民法典》的相关规定，因此应当承担相应的违约责任。

【关键证据】

双方签订的房屋买卖合同文本；一方履行合同义务，另一方违约的音频、视频、微信聊天记录；等等。

·法条援引·
《中华人民共和国民法典》

第四百零六条　抵押期间，抵押人可以转让抵押财产。当事人另有约定的，按照其约定。抵押财产转让的，抵押权不受影响。

抵押人转让抵押财产的，应当及时通知抵押权人。抵押权人能够证明抵押财产转让可能损害抵押权的，可以请求抵押人将转让所得的价款向抵押权人提前清偿债务或者提存。转让的价款超过债权数额的部分归抵押人所有，不足部分由债务人清偿。

购买的房子烂尾了，就一直等下去吗

贺某与某房地产开发商于 2017 年 4 月签订了《商品房买卖合同》，双方在合同中约定某房地产开发商在 2018 年 5 月 30 日前交付房屋。但某房地产开发商并没有在合同约定的时间内交房，一直到 2023 年 8 月底，贺某仍然没有拿到所购商品房的钥匙。此前，贺某在某商业银行办理了 56 万元按揭贷款，从 2017 年 4 月到 2023 年 8 月，一直按时偿还贷款。苦等 6 年依然拿不到房子，贺某遂一纸诉状将该房地产开发商告上法庭，请求法院判令解除其与该房地产开发商签订的《商品房买卖合同》和与某商业银行签订的《按揭贷款合同》，某房地产开发商返还自己已经支付的购房款、利息以及违约金。

【审判结果】

法院经审理认为，被告某房地产开发商逾期 6 年未能交房，构成违约，故对原告贺某提出的解除《商品房买卖合同》和《按揭贷款合同》的请求予以支持。最终，法院判令解除原告贺某与该房地产开发商签订的《商品房买卖合同》以及原告与某商业银行签订的《按揭贷款合同》，被告该房地产开发商返还原告贺某首付款和已经支付的 28.6 万元房贷本息，并支付 1.4 万元违约金。

·解读分析·

《中华人民共和国民法典》明确规定，当事人一方延迟履行主要债务，经催告在合理期限内仍然未能履行的，当事人有权解除合同。合同因当事人一方违约解除的，当事人有权要求违约方承担违约责任，依法支付约定的违约金。

在商品房买卖合同中，购房人的合同义务是支付购房款，而房地产开发商的合同义务则是按时交房。某房地产开发商没有按照合同约定按时交房，构成了根本违约，因此贺某有权请求法院解除双方签订的《商品房买卖合同》以及建立在该合同基础上的《按揭贷款合同》，并要求该房地产开发商返还首付款和已经支付的房贷本息，以及开发商不履行合同的违约金。

【关键证据】

和房地产开发商签订的《商品房买卖合同》；开发商承诺按时交房的视频、电话录音以及微信聊天记录；等等。

·法条援引·
《中华人民共和国民法典》

第五百六十三条　有下列情形之一的，当事人可以解除合同：

（一）因不可抗力致使不能实现合同目的；

（二）在履行期限届满前，当事人一方明确表示或者以自己的行为表明不履行主要债务；

（三）当事人一方迟延履行主要债务，经催告后在合理期限内仍未履行；

（四）当事人一方迟延履行债务或者有其他违约行为致使不能实现合同目的；

（五）法律规定的其他情形。

以持续履行的债务为内容的不定期合同，当事人可以随时解除合同，但是应当在合理期限之前通知对方。

签订租房合同
需要注意哪些事项

2023年1月20日，滕某和侯某口头达成了房屋租赁协议，滕某租住侯某的房屋，租期一年，每年租金12000元。商定后，滕某按照协议向侯某支付了所有租金。2023年2月20日，滕某因为个人事由退租，搬往别处，于2023年3月20日将房屋钥匙交给侯某，侯某退还给滕某半年租金6000元。滕某认为自己仅仅居住了一个月却被收取了半年的租金，明显不合理。最终协商不成，滕某将侯某告上了法庭，请求法院判令侯某退还剩余租金5000元。

【审判结果】

法院经审理认为，原告滕某和被告侯某口头达成的房屋租赁协议能够反映双方的真实意思，且并没有违反法律禁止性规定，合法有效。双方约定房屋出租时间为一年，大于六个月，因未签订书面合同，因此该合同应视为不定期租赁合同，承租人可随时解除合同。原告滕某将房屋钥匙归还的时间为2023年3月20日，故双方解除租赁合同的时间为2023年3月20日，滕某实际租期为两个月。最终，法院判令被告侯某退还原告滕某4000元。

·解读分析·

租房时，承租人和房东签订的《房屋租赁协议》系双方真实意思的表示，因此具备法律效力。所以，租房时对《房屋租赁协议》要特别重视，要尽量在协议中约定双方的责任和义务，避免各种纠纷出现时扯不清。因此，租房时具体还需注意以下几点。

1.最好采用书面形式签订租赁协议。租房时，承租人虽然可以和房东采用口头形式订立协议，但如果租期超过六个月，按照《中华人民共和国民法典》的规定则需要以书面形式订立，否则会因为无法确定租赁期限被视为不定期租赁。

2.要求房东出具不动产权证书以及房东本人的身份证，核实后再签约。内容中要注明房屋的具体地址、租房期限、每月租金（区分大小写）以及各自需要承担的违约责任。

3.在合同中要写清楚房屋内包含的设施，诸如家电、家具、装修情况等，避免退租时引发不必要纠纷。要明确水电费、宽带费、物业费等各种费用由谁支付。

4.在合同中专门明确"承租人（乙方）在租用房屋期间，房东（甲方）不得再以任何名义收取附加费用"。明确退租时间点认定标准，比如以交钥匙的日期为退租时间认定标准。

本案中，滕某和侯某通过口头形式订立了房屋租赁协议，因为租期超过六个月，所以该协议被视为不定期租赁合同。滕某虽然实际居住时间为一个月，但直到两个月后才将房屋钥匙交给房东侯某，因此其实际承租时间为两个月。

【关键证据】

签订的《房屋租赁协议》中关于各自违约责任的约定条款、交房时间确认标准条款等；和房东沟通的电话录音、微信聊天记录；等等。

· 法条援引 ·
《中华人民共和国民法典》

第七百零七条 租赁期限六个月以上的，应当采用书面形式。当事人未采用书面形式，无法确定租赁期限的，视为不定期租赁。

第七百三十条 当事人对租赁期限没有约定或者约定不明确，依据本法第五百一十条的规定仍不能确定的，视为不定期租赁；当事人可以随时解除合同，但是应当在合理期限之前通知对方。

租期未到，房子被卖，租客还能继续住吗

赵某因为工作需要承租了刘某的房子，双方在2022年1月签订了《房屋租赁合同》，约定租期3年（2022年5月6日至2025年5月5日）。2023年6月，王某想要购买刘某出租给赵某的房子，刘某随即通知了赵某，问其有没有购买这套房子的意愿，赵某表示其只是在该市暂时工作，没有买房的打算，于是刘某便将赵某租住的该套房屋卖给了王某，并于2023年7月将该房屋产权转移到了王某名下。王某拿到不动产权证后，通知赵某在2023年8月3日前腾房。赵某以自己和原房东刘某签订的房屋租赁合同并未到期为由，拒绝腾退房屋。双方协商无果，王某遂将赵某告上法庭，请求法院判令赵某限期搬离。

【审判结果】

法院经审理认为，被告赵某和原房主刘某签订的《房屋租赁合同》到 2025 年 5 月 5 日才到期，根据《中华人民共和国民法典》的相关规定，赵某有权要求新房主王某继续履行其与原房主签订的《房屋租赁合同》。最终，法院驳回了王某的全部诉讼请求。

·解读分析·

在处理房屋租赁纠纷时，存在着一种"买卖不破租赁"的规则，即当租客承租的房屋租期未满但房东却将房屋出售时，房屋的新主人应当继续履行原房东和租客签订的房屋租赁合同，直至租期届满。

如果原房主在出售房屋时未明确告知房屋已经出租，新房主因为继续履行租赁合同无法占有、使用房屋，那么作为善意买受人，新房主有权要求原房主赔偿自身因为不能占有、使用房屋而蒙受的损失。

但需要注意的是，"买卖不破租赁"的规则在两种特殊情况下并不适用。

情况一：房屋在出租前已经被抵押，当该房屋被依法拍卖后，新房东要求租客腾房的话，租客并不能要求新房东继续履行其与旧房东签订的《房屋租赁合同》。由此产生的损失，租客可以要求原房东承担。

情况二：房屋在出租前已经被人民法院依法查封，在这种情况下，法院拍卖后，新房主要求租客腾房，租客不得拒绝。如果原房东没有将房屋被查封的事实告知租客，那么原房东需要承担租客的损失；假如原房东将房子被查封的事实告知了租客，租客仍然要租赁，由此造成的损失则需租客自负。

本案中，赵某与原房东刘某签订的《房屋租赁合同》不违反相关法律法规，能够体现双方的真实意思，因此合法有效。在该房屋产权变动后，新房主并没有权利要求赵某腾房，而是需要继续履行原房主的合同义务。

【关键证据】

与房屋产权所有人签订的房屋租赁合同文本；房屋产权所有人未明确告知所租赁房屋已经抵押或被查封的音频、视频资料；相关证人证言；等等。

·法条援引·
《中华人民共和国民法典》

第七百二十五条 租赁物在承租人按照租赁合同占有期限内发生所有权变动的，不影响租赁合同的效力。

退租时房东能以"屋内设施损坏"为由不退押金吗

2023年9月，赵某为了让就读高三的孩子有一个更好的学习环境，在学校附近某小区租下来一套住房，支付了租金和3500元押金。居住一段时间后，赵某发现房屋内的一些设施都存在不同程度的损坏，诸如电视机花屏，洗衣机漏水，马桶盖子表面有非常明显的划痕，墙面有污损，等等。赵某每发现一处都会通过微信及时告知房东薛某。租房合同到期前，赵某从租住房屋搬离后通知薛某收房。薛某在验房时列出了一份房屋内设施设备损毁清单，表示赵某支付的押金刚好够修复这些设施设备的费用，因此押金不退。赵某则表示薛某所列清单中的绝大部分有污损或者损伤的设施、设备都是其租住前就存在的，自己租住期间已经通过微信向薛某做了充分说明，薛某对此也没有异议，因此，薛某以修复这些设施设备为由不退还租房押金的行为没有任何根据。双方协商不成，赵某遂向法院提起诉讼，请求法院判令薛某退还全部押金。

【审判结果】

法院经审理认为，被告薛某列出的设施设备损毁清单仅仅能够证明这些设施设备现在的状态，不能证明这些损毁是原告赵某导致的。而根据原告赵某提供的微信聊天记录，赵某多次反映房屋设施设备存在污损、损毁的问题，被告薛某对此也没有提出任何异议。另外，房屋在出租使用时也会存在一些自然的耗损，最终，法院判令被告薛某退还原告赵某全部租房押金 3500 元。

·解读分析·

承租人租赁住房，交房时房东可以没收租房押金吗？答案是肯定的，但必须满足特定的条件，即承租人具有租房合同中明确约定的违约行为或者情形。比如，双方在租房合同中明确约定"承租人不得改变房屋建筑结构，否则住房押金不予退还"，如果承租人改变了房屋的建筑结构，房东便有权没收其缴纳的住房押金。

那么，租赁物的损耗应该由谁负责维修呢？若当事人之间有约定，则按照约定，如果双方没有明确的约定，则按照相关法律法规确定。

当租赁合同中没有特殊约定时，租赁物并非房屋承租人人为故意损坏，属于自然耗损的，应当由出租人承担维修责任，租赁人为此支付的维修费用可以要求出租方"报销"。

在什么情况下，需由承租人承担维修费用或者对房屋内损坏的设施设备进行赔偿呢？在司法实践中，需要满足两个条件才行。

条件一：承租人未按照约定使用或者未按照租赁物性质使用，导致租赁物受损的。

条件二：承租人不按照正确的方法使用设施设备，导致设施设备损坏的，或者故意损坏设施设备的。

本案中，房东薛某并不能证明房屋内设施设备系在赵某租赁期间损坏，且在赵某通过微信说明相关设施设备的损害情况时未提出任何异议。因此，出租屋内受损的相关设施设备维修费用不应由赵某承担。

【关键证据】

租赁合同中明确约定设施设备损毁后赔偿责任的条文；能够证明入住前房屋内相关设施设备状态的照片、视频；能够证明出租房屋内设施设备为承租人故意损毁的视频或证人证言；等等。

·法条援引·
《中华人民共和国民法典》

第五百七十七条 当事人一方不履行合同义务或者履行合同义务不符合约定的，应当承担继续履行、采取补救措施或者赔偿损失等违约责任。

第七百一十条 承租人按照约定的方法或者根据租赁物的性质使用租赁物，致使租赁物受到损耗的，不承担赔偿责任。

第七百一十一条 承租人未按照约定的方法或者未根据租

赁物的性质使用租赁物，致使租赁物受到损失的，出租人可以解除合同并请求赔偿损失。

租客搬离后发现屋内设备被破坏，房东还能找其"要说法"吗

2023年2月，刘某将自己的一套住房出租给了赵某，该房屋内家具齐全，每月租金3000元，租赁时间为2023年3月20日至2023年8月20日。双方在租赁合同中约定赵某按月缴纳房租，住满五个月后，房东刘某退还6000元押金。但赵某仅仅住了两个月便不再继续缴纳租金，并要求刘某退还押金，刘某以对方未住满五个月为由拒绝。赵某没再要求，而是告知刘某后便搬离了该房屋，刘某一直未到房屋内查看。2023年8月20日，刘某来到该出租房屋后发现无法打开房门，遂联系开锁公司开门。开门后发现房屋内一片狼藉：窗帘被剪碎、马桶盖被砸坏、空调和电视遥控器丢失、洗衣机等电器的线路被剪断……刘某将赵某告上法庭，请求法院判令赵某赔偿各类财产损失5200元。

【审判结果】

法院经审理认为，刘某和赵某签订的租赁协议合法有效，赵某在仅仅租住两个月的情况下要求刘某退还押金违反双方合同约定。赵某故意破坏出租房屋内设施，损害了刘某的财产权益，应当承担侵权责任。最终，法院根据财产损失清单、维修票据等证据，判令赵某赔偿刘某财产损失5200元。

·解读分析·

根据《中华人民共和国民法典》的相关规定，行为人侵害他人民事权益造成损害的，需要承担相应的侵权责任。赵某因为自身违约要求房东刘某退押金被拒绝后，故意毁坏出租房屋内的设施设备，侵害了刘某的财产权益。因此，刘某有权要求赵某赔偿因其过错给自己造成的各项损失。

【关键证据】

双方在租赁合同中就出租房屋设施设备损害后的赔偿约定；出租房屋交付前内部设施设备的照片；就损害赔偿事宜沟通的电话录音、视频、聊天记录；等等。

·法条援引·
《中华人民共和国民法典》

第一千一百六十五条　行为人因过错侵害他人民事权益造成损害的，应当承担侵权责任。

依照法律规定推定行为人有过错，其不能证明自己没有过错的，应当承担侵权责任。

邻居噪声扰民，可以要求赔偿吗

刘某居住在某小区 24 号楼 2 单元 602 室，赵某居住在某小区 24 号楼 2 单元 702 室，两人为上下楼邻居。刘某认为赵某家的孩子每天晚上都在家中奔跑、拖拉座椅，产生的噪声严重影响到了自己的正常休息。在多次与赵某协商都未解决后，刘某将赵某起诉到了法院，请求法院判令赵某一家停止制造噪声，赔偿精神损害抚慰金4000元。

【审判结果】

法院经审理认为，邻里之间的矛盾应当首先积极沟通，妥善解决，其次按照有利生产、方便生活、团结互助、公平合理的原则处理。原告刘某提交的音频、视频等证据不足以证明被告赵某一家发生的声响超出了生活必要限度，也不能证明对其精神产生了严重损害。最终，法院驳回了刘某的全部诉讼请求。

·解读分析·

在现实生活中，因为居住距离较近、建筑隔音较差等客观原因，邻居之间，特别是上下楼之间，出现噪声干扰的情况不可避免。楼上住户应当履行注意义务，尽可能将声响控制在合理范围，而楼下住户也应当对楼上住户发出的在合理限度范围内的声响给予容忍。

当然，邻居之间的相互容忍义务是有限度的，当一方制造的声响超出国家规定的相关标准，影响到另一方正常的休息时，另一方有权提供相应的证据，请求法院判令对方停止侵害、消除危害、排除妨碍、赔偿损失等。

也就是说，原告必须承担举证责任，举证内容主要包括四类：双方之间存在不动产相邻关系；对方实施了相邻妨碍行为；自身的相邻权益受到了侵害；自身的相邻权益受侵害与对方行为之间存在因果关系。

本案中，刘某提供的相关音频、视频等证据不足以证明赵某一家发出的声响超出了生活必要限度，因此，法院对其主张没有给予支持。

【关键证据】

有鉴定资质单位出具的邻居家发出声响超出生活必要限度的噪声鉴定报告；就噪声扰民问题与邻居协商的电话录音、视频、微信聊天记录；等等。

·法条援引·
《中华人民共和国民法典》

第二百八十八条 不动产的相邻权利人应当按照有利生产、方便生活、团结互助、公平合理的原则，正确处理相邻关系。

小区墙面广告收入应该分给业主吗

某物业公司和多家公司签订了广告合同并收取了广告费用，在某小区墙面上设置了宣传这些公司产品、服务的广告，广告投入的成本由投放广告的公司负责。但是一直到该物业公司与该小区业主委员会签订的物业服务合同期满后，某物业公司都未向该小区业主委员会交还其管理期间所获得的广告收益。多次索要无果后，该小区业主委员会将该物业公司告上法庭，请求法院判令该物业公司返还广告收益。

【审判结果】

法院经审理认为，根据《中华人民共和国民法典》的相关规定，物业公司提供物业服务期间，利用小区内公共设施进行经营所得之收入归全体业主所有。被告某物业公司和多家公司签订广告投放协议，利用某小区墙面为其他公司产品和服务投放广告，且在此过程中被告某物业公司未曾投入任何成本，因此，法院对原告某小区业主委员会提出的要求被告返还广告收益的请求予以支持。最终，法院判决某物业公司返还该小区业主委员会涉案广告收益。

·解读分析·

小区内属于业主共有的部分主要包括七大块。

1. 小区内除属于城镇公共道路的其他道路。

2. 小区内除属于城镇公共绿地或明示属于个人绿地的其他绿地。

3. 小区内除道路、绿地外的其他公共场所、共用设施。

4. 物业服务用房。

5. 小区内占用业主共有道路或者其他场地划设的车位。

6. 小区内建筑物的基础、承重结构、外墙、屋顶等基本结构，通道、楼梯、大堂等公共通行部分，消防、公共照明等附属设施、设备、避难层、设备层或设备间等结构部分。

7. 小区内其他不属于业主专有，也不属于市政公用部分或其他权利人所有的场所以及设施等。

本案中，小区建筑物墙面属于小区业主共有部分，某物业公司和其他公司签订在某小区建筑物墙面上投放广告的协议中，明确约定广告投入成本由投放广告的公司负责，因此物业公司本身并没有投入任何必要的成本。所以，其收取的所有广告费用应当返还该小区业主委员会。

【关键证据】

物业公司与在小区内投放广告公司签订的广告投放协议；广告收益转账记录；等等。

·法条援引·
《中华人民共和国民法典》

第二百八十二条　建设单位、物业服务企业或者其他管理人等利用业主的共有部分产生的收入，在扣除合理成本之后，属于业主共有。

物业公司可以单方面涨物业费吗

2022 年 4 月，李某在某小区购买了一套商品房，合同附件中的物业管理人为某物业服务公司。2023 年 3 月，该小区交房后，由于各种原因一直未能成立业委会。2023 年 10 月，该物业服务公司向该小区全体业主和租户发布了《物业费调整公告》，要将交房时每平方米 2.5 元的物业费提升到 3.5 元。李某认为该物业服务公司无权单方面提高物业费，并拒绝按照每平方米 3.5 元的标准缴纳后续物业费。该物业公司随后停止为李某办理电梯卡，导致其不能正常使用电梯。李某遂将该物业服务公司告上法庭，请求法院判令该物业服务公司单方面涨物业费违约，继续履行物业服务。

【审判结果】

法院经审理认为，被告某物业服务公司在未与原告李某协商一致的情况下擅自上调物业费，违反《中华人民共和国民法典》的相关规定，因此其单方面作出的上调物业费的通知对业主不发生任何法律效力。最终，法院判决该物业服务公司单方面上调物业费通知无效，责令其在判决生效三日内恢复对李某电梯卡的服务。

·解读分析·

物业公司向业主收取物业费的依据是其与业主委员会签订的前期物业服务合同或者物业服务合同。

前期物业服务合同，是指小区还没有建立业委会之前，由开发商和相关物业公司之间签订的物业服务合同。

物业服务合同，则是指代表全体业主利益的小区业委会和相关物业公司签订的物业服务合同。

不管是前期物业服务合同还是物业服务合同，物业公司都不能单方面上涨物业费，否则便属于违约行为，需要承担相应的侵权责任。也就是说，物业公司想要上调物业费，必须与签订合同的另一方协商一致。

【关键证据】

物业公司单方面上调物业费的通知、告示等；全体业主不同意上调物业费的联合声明；等等。

·法条援引·
《中华人民共和国民法典》

第五百四十三条　当事人协商一致，可以变更合同。

高空抛、坠物致人伤亡，
找不到侵权人应向谁索赔

某小区一栋楼上掉下来一只健身铁球，砸中了正躺在婴儿车中晒太阳的女婴头部，虽然家属立即送医抢救，但该女婴最终因伤势过重不幸离世。事发后，公安机关立即对该栋楼所有住户展开排查，但因为该栋楼周边没有监控设施，且坠落的健身铁球上也无法提取到有用的生物特征，导致始终无法锁定抛物者。孩子的父亲付先生认为居住在该栋楼上的所有住户都有抛物嫌疑，遂一纸诉状将该楼所有住户都告上了法庭，请求法院判令所有住户赔偿因健身铁球坠落导致女婴死亡所产生的各项损失共计人民币 90 万元。

【审判结果】

法院经审理认为，该栋楼所有住户包括底层门面经营者都有可能成为实施侵权行为的加害人，按照《中华人民共和国民法典》第一千二百五十四条之规定，除了家中确实无人居住的住户外，其他不能证明自己没有侵权责任的住户（共计 110 户）都需要承担补偿责任。最终，法院判决居住在涉案楼房上的 110 户业主每户补偿 4000 元。

·解读分析·

高空抛物、坠物对城市居民的人身安全造成了严重危害，为了有效预防和依法惩治高空抛物、坠物行为，《中华人民共和国民法典》对高空抛物、坠物导致的侵权责任作了非常明确的规定。

第一，禁止从建筑物中抛掷物品。也就是说，从建筑物中向外抛掷物品，不管该物品是大还是小，是重还是轻，都是违法行为。

第二，高空抛物、坠物侵权人承担直接责任。也就是说，从建筑物上直接抛掷物品或者导致物体坠落的人，需要为自己的行为可能造成的后果承担直接责任。

第三，可能加害人需要承担补偿责任。《中华人民共和国民法典》在直接责任人的基础上增加了可能加害人的补偿责任，简单地说，就是假如被告不能证明自己不是侵权人或者没有任何过错，也需要承担相应的民事责任。

第四，加害建筑物使用人有权追偿。可能加害的建筑物使用人在补偿后，其实是承担了垫付责任，在其承担补偿义务后可以对实际侵权人进行追偿。

第五，物业服务公司需要承担安全保障的义务。在受到高空抛物、坠物伤害时，受害人除了可以要求直接侵权人或者可能加害人承担侵权责任外，还可以要求未采取必要安全保障措施防止建筑物抛掷物品、坠落物品的物业公司承担侵权责任。

本案中，在未找到抛投健身铁球的直接侵权人的情况下，因被楼上抛投下来的健身铁球砸中而死亡的女婴家属，有权要求居住在涉案楼上的所有可能加害人承担补偿责任。

【关键证据】

能够看清抛投物从哪里被抛投或坠落物从哪里坠落的监控视频；警方出警记录和结案通知书；能够证明抛投物或坠落物从哪一层被抛投或坠落的证人证言；等等。

·法条援引·
《中华人民共和国民法典》

第一千二百五十四条　禁止从建筑物中抛掷物品。从建筑物中抛掷物品或者从建筑物上坠落的物品造成他人损害的，由侵权人依法承担侵权责任；经调查难以确定具体侵权人的，除能够证明自己不是侵权人的外，由可能加害的建筑物使用人给予补偿。可能加害的建筑物使用人补偿后，有权向侵权人追偿。

物业服务企业等建筑物管理人应当采取必要的安全保障措施防止前款规定情形的发生；未采取必要的安全保障措施的，应当依法承担未履行安全保障义务的侵权责任。

发生本条第一款规定的情形的，公安等机关应当依法及时调查，查清责任人。

第九章
网络与安全

原创网络作品被抄袭怎么办

　　王某和杜某是某社交平台的博主，二人发布的内容都倾向于小学教育领域。王某有粉丝 19 万余人，杜某有粉丝 3 万余人。2022 年 9 月，王某在某社交平台发布了一篇原创文章，其中部分内容，从事实陈述和观点借鉴上引用了其他文章，其他的内容更多的是王某自己的思考和想法。此文章一经发布，便吸引了 1 万多粉丝留言。2022 年 10 月，王某发现杜某发布的某短视频，不仅标题与自己的雷同，文字表达内容竟也和自己的文章一模一样。王某认为这种抄袭行为严重侵犯了自己的著作权，遂将杜某告到了法院，请求法院判令杜某公开赔礼道歉，赔偿经济损失 11000 元。

【审判结果】

　　法院经审理认为，原告王某的文章中虽然有部分内容与其他文章相似，但更多表现在事实的陈述或观点的借鉴上，从整体上看依然体现了王某自己的选择和判断，属于独创性文章。被告将原告王某的原创文章转为短视频文案，仅仅是作品形态上的改变，在主题思想、行文、结构等方面没有自己的独立思考和观点，不能体现被告杜某的智力成果。最终，法院判决被告杜某在某社交平台首页公开发表声明向王某赔礼道歉，赔偿原告王某经济损失 11000 元。

·解读分析·

作品是指在文学、艺术和科学领域内具有独创性，并且能够以某种有形的形式进行复制的智力成果。本案中，王某虽然借鉴了其他观点，但更多地融入了自己个性化的观点和表述，且通过文字的形式进行复制。因此发布在某社交平台的文章属于王某的智力成果，王某是著作权人。

被告杜某发布的短视频文字表达内容，不管是主题，还是文字表达，都与原告发布的文章一模一样，没有体现被告任何智力成果，且该短视频发布时间晚于原告发布文章的时间，因此该短视频不具有独创性。

杜某在未经拥有文章著作权的王某同意的情况下，擅自将其原创作品转变为短视频文案后面向公众传播，侵犯了王某的信息网络传播权，因此应当为其侵权行为承担相应的侵权后果。

【关键证据】

他人照搬自己原创作品后发布的图、文、视频等作品；通知对方删除抄袭文章、视频但对方拒绝的聊天记录、电话录音；等等。

·法条援引·
《中华人民共和国著作权法》

第五十二条　有下列侵权行为的，应当根据情况，承担停止侵害、消除影响、赔礼道歉、赔偿损失等民事责任：

（一）未经著作权人许可，发表其作品的；

（二）未经合作作者许可，将与他人合作创作的作品当作自己单独创作的作品发表的；

（三）没有参加创作，为谋取个人名利，在他人作品上署名的；

（四）歪曲、篡改他人作品的；

（五）剽窃他人作品的；

（六）未经著作权人许可，以展览、摄制视听作品的方法使用作品，或者以改编、翻译、注释等方式使用作品的，本法另有规定的除外；

（七）使用他人作品，应当支付报酬而未支付的；

（八）未经视听作品、计算机软件、录音录像制品的著作权人、表演者或者录音录像制作者许可，出租其作品或者录音录像制品的原件或者复制件的，本法另有规定的除外；

（九）未经出版者许可，使用其出版的图书、期刊的版式设计的；

（十）未经表演者许可，从现场直播或者公开传送其现场表演，或者录制其表演的；

（十一）其他侵犯著作权以及与著作权有关的权利的行为。

网购的演唱会门票
可以"七天无理由退货"吗

杜某在某票务平台 APP 上网购了五张某演唱会门票。五天后，也是演唱会开始的前一天，杜某因为临时有事，无法去演唱会现场，因此在该票务平台 APP 上申请退票退费服务。该票务平台 APP 客服表示按照规定，距离演唱会开始日期不足一天的，只能退还 50%

票款。杜某则认为现代网购都"七天无理由退货",只能退 50% 票款明显不合理。双方协商数次不成,杜某遂将该票务平台告上了法庭,请求法院判令该票务平台全额退还五张演唱会门票票款。

【审判结果】

法院经审理认为,消费者在网上下单购买演出门票时,通过相应的网络描述便可以非常详细地了解相关演出的名称、时间和地点等关键信息,并不会因为购买在前、收取门票在后而对演出信息产生错误认知。因此,演出门票并不属于《中华人民共和国消费者权益保护法》第二十五条中适用七天无理由退货的商品。最终,法院判决驳回杜某的所有诉讼请求。

·解读分析·

七天无理由退货,最初源自电商平台的购物规则,目的是方便消费者退货,强化他们的网购信心,即当下单商品和预期不符时,消费者可以在七天内随时退货。随着网购经济的迅猛发展,七天无理由退货逐渐上升为保护消费者权益的法律法规。

但是演出行业的门票和实体商品有很大区别,各票务平台上销售的门票是一种享有优质文化服务的观演凭证,只要门票上描述的演出信息真实有效,那么即使门票在大小、样式、颜色上与网络描述不符,最终也不会妨碍购票者据此观看相应的演出。可见,网购演出门票,并不存在下单商品和预期不符的情况,即消费者在这种情况下不能退货。

另外,演出门票一经购买便会锁定座位,导致该座位不再"流通",而随意退票的行为势必会对后续销售产生非常大的干扰。

因此,网购的演出门票并不在《中华人民共和国消费者权益保护法》第二十五条适用七天无理由退货的商品中。

本案中，杜某因自身原因，以"七天无理由退货"为由要求票务平台全额退款，且在其退票行为距离演唱会开始只剩不到1天的时间下，显然既不合法，也不合理。因此，法院最终驳回了杜某的全部诉讼请求。

【关键证据】

票务平台在购票页面显著位置设置的退票规则提醒；对退票规则合理性的特别解释；等等。

·法条援引·
《中华人民共和国消费者权益保护法》

第二十五条　经营者采用网络、电视、电话、邮购等方式销售商品，消费者有权自收到商品之日起七日内退货，且无需说明理由，但下列商品除外：

（一）消费者定作的；

（二）鲜活易腐的；

（三）在线下载或者消费者拆封的音像制品、计算机软件等数字化商品；

（四）交付的报纸、期刊。

除前款所列商品外，其他根据商品性质并经消费者在购买时确认不宜退货的商品，不适用无理由退货。

消费者退货的商品应当完好。经营者应当自收到退回商品之日起七日内返还消费者支付的商品价款。退回商品的运费由消费者承担；经营者和消费者另有约定的，按照约定。

网店虚构原价促销是否构成了价格欺诈

2022 年 12 月，李某从某渔业公司在某电商平台开设的店铺中购买了两份特价海参，当时每份海参活动价是 2380 元，原价为 4580 元，李某一共支付了 4760 元。半个月后，李某和朋友去当地海鲜市场闲逛时发现实体店内同品质的海参竟然比某渔业公司网店内标注的原价低很多。感觉自己可能受骗的李某找到了该渔业公司网店客服沟通，要求对方赔偿自己的损失。该网店客服回复说"原价是我们根据市场行情定的"，并坚称之前销售给李某的海参原价并非虚构，但却未能提供可以让人信服的证据。李某认为该渔业公司网店构成价格欺诈，遂向人民法院提起诉讼，请求法院判令该渔业公司三倍赔偿。

【审判结果】

法院经审理认为，通过原告李某和被告某渔业公司网店客服之间的交涉内容记录，可以证明某渔业公司销售给李某的海参原价是虚构的，该行为属于价格欺诈。因此，对李某提出的该渔业公司应当承担三倍价款的惩罚性赔偿责任的请求予以支持。最终，法院判令该渔业公司赔偿李某三倍价款 14280 元。

（·解读分析·）

很多网店搞活动，往往会将活动价与原价作对比，用两者之间较大的价格差吸引消费者的眼球，最大限度地刺激消费者掏腰包。

那么商品的原价是什么呢？所谓原价，是指经营者在本次促销活动前七日内在本交易场所成交的有交易票据的最低交易价格。假如七日内没有任何交易，那么本次促销活动前最后一次交易价格便是原价。

也就是说，网店优惠活动中标注的商品原价是有依据的，并非随便拟定的一个数字，否则就会构成价格欺诈。

除了虚标原价属于价格欺诈外，不明码标价，在标价之外加价出售商品或收取未标明费用，标价内容与实际不符，降价所标示折扣幅度和实际不符，有价格附加条件时不标示或者含糊标示，虚构降价原因和优惠折价，价格承诺不履行或者不完全履行，对实行市场调节价谎称政府定价，都属于价格欺诈行为。

【关键证据】

网店优惠活动中标准的原价和该商品优惠活动前七日内有销售记录的最低价网页截图；消费者同网店客服沟通中涉及的原价如何确定的聊天记录；等等。

·法条援引·
《中华人民共和国消费者权益保护法》

第五十五条　经营者提供商品或者服务有欺诈行为的，应当按照消费者的要求增加赔偿其受到的损失，增加赔偿的金额为消费者购买商品的价款或者接受服务的费用的三倍；增加赔偿的金额不足五百元的，为五百元。法律另有规定的，依照其规定。

经营者明知商品或者服务存在缺陷，仍然向消费者提供，造成消费者或者其他受害人死亡或者健康严重损害的，受害人有权要求经营者依照本法第四十九条、第五十一条等法律规定赔偿损失，并有权要求所受损失二倍以下的惩罚性赔偿。

因不满店家，就可以恶意下单进行报复吗

2022 年 9 月，张某在某网店下单购买了两箱无糖饼干。收货后，张某认为饼干配料表中的碳水化合物含糖量超出国家标准，遂申请退款，但店家认为该品牌饼干符合相关行业标准，因此拒绝了张某的退款申请。张某怀恨在心，在"双十一"前夕连续在该网店下单了 899 箱某品牌饼干、799 瓶某品牌矿泉水，在店家刚刚寄出后，又立即以"七天无理由退货"为由申请退货退款。张某的行为给该网店的正常交易带来了巨大的困扰，该网店负责人黄某认为张某恶意下单、滥用法律和平台赋予消费者的退货权利，遂一纸诉状将张某告上了法庭，请求法院判令张某赔偿经济损失 2 万元。

【审判结果】

法院经审理认为，被告张某在某网店频繁下单，且下单的次数多、数量大，在店家发货后又马上发起退货退款申请，这种行为明显存在主观上的恶意，并不存在实际购物意愿，目的在于报复该网店，降低其店铺评分和商誉，侵害了该网店的名誉权。后经法院调解，张某意识到自己的行为构成了侵权，主动向该网店负责人黄某道歉，并赔偿 2000 元。

·解读分析·

虽然消费者通过网络购物可以享受到"七天无理由退货"权，但这并不意味着消费者可以频繁下单退货，"折腾"商家。

一方面，"七天无理由退货"是基于网络的虚拟性而诞生的，因为消费者通过虚拟网络购物相对于亲自到现场购物存在很大的差别，不管是知情权还是选择权都受制于网店。在这种情况下，法律

才赋予消费者"后悔权"，即网购的商品和预期不一致时，消费者七天内可无理由退货。也就是说，消费者出于真实购物目的，才可以享受"七天无理由退货"的权利。

另一方面，频繁下单退货会导致网店评分下降，降低网店在消费者眼中的可信度。假如消费者故意采取频繁下单退货行为，对网店的商誉会产生非常严重的负面影响，侵犯网店的名誉权，需要承担相应的民事责任。

本案中，张某出于报复目的，利用七天无理由退货退款的权益，恶意下单后又快速退款，导致黄某的网店评分下降，商誉受损，侵犯了该网店的名誉权，所以，张某要为其侵权行为承担相应的责任。

【关键证据】

消费者短时间内大量下单、快速申请退款的网店后台数据；商家与消费者就其恶意下单行为沟通的电话录音、沟通信息的截图；等等。

·法条援引·
《中华人民共和国民法典》

第一百三十二条　民事主体不得滥用民事权利损害国家利益、社会公共利益或者他人合法权益。

未成年人打赏主播的钱能追回吗

十周岁的雷某在家玩爸爸的手机时，被某游戏广告吸引，遂点击该广告下载了某短视频平台APP，并使用其父亲身份信息注册了账号。随后几天的时间里，雷某陆续通过其父亲手机支付宝向该账号充值数十次，每次金额少至6元，多则达600元，几天下来，共计往该账号中充了2.4万余元，且这些钱全部被雷某购买了平台的虚拟币，然后又购买了"火箭""游艇"等礼物打赏了游戏主播。雷某父亲发现后，立即联系某短视频平台客服，声明雷某刚满十周岁，属于未成年人，要求对方退还雷某在该平台消费的2.4万余元。双方多次协商未果，雷某父亲遂以雷某的名义向法院提起诉讼，请求法院判令某短视频平台退还2.4万余元。

【审判结果】

法院经审理认为，经过与雷某交流，认为其对游戏直播、打赏等行为有很清晰的认知，但是对钱款金额、自身家庭经济收入情况没有准确认知。因此，法院综合雷某年龄、心智、家庭经济收入等因素，将雷某操作的金额60元以下的交易认定为有效，对60元以上交易认定为无效。最终，法院判令被告某游戏平台退还原告雷某游戏直播打赏款1.4万元。

·解读分析·

随着网络经济和智能手机的普及，未成年人对网络消费的意愿越来越高，特别是通过充值、打赏等方式向网络平台付款的行为，让他们觉得"超级好玩""特有成就感"。

这种行为在法律上是否有法律效力呢？

1. 八周岁以下的未成年人花钱打赏主播的，打赏行为无效，需要全部退回。因为八周岁以下未成年人属于无民事行为能力人，因此其在直播间的打赏行为在法律上没有效力，打赏出去的所有钱款，主播及其所属公司需要返还。

2. 八周岁以上的未成年人花钱打赏主播的，打赏行为的法律效力待定。八周岁以上的未成年人属于限制民事行为能力人，如果在直播间的打赏行为与其年龄、智力不相适应的话，必须经过法定代理人的同意或者追认，其打赏行为才具有法律效力，假如未成年人的法定代理人没有同意，或者未曾追认，则其打赏行为无效。

3. 十六周岁以上且以自身劳动所得为主要生活来源的未成年人，为视同完全民事行为能力人，其打赏行为有效。

假如未成年人在直播间的打赏行为被法院认定为无效，其法定代理人是不是可以将打赏出去的钱款全部追回来呢？不一定！法院在划分责任时会考虑各种因素，综合判断。

1. 法定监护人是否履行了监护责任。对于未成年人的直播打赏行为，法定监护人是否尽到了足够的监管义务，如果没有，法定监护人也需要承担相应的责任。

2. 网络直播服务提供者有没有尽到足够的提醒或阻止义务。比如，针对用户的年龄设置了对应的准入门槛；在显著位置设置了足够的提示语；等等。

3. 未成年人的家庭经济状况。

本案中，雷某已经年满十周岁，属于限制民事行为能力人。其对网络游戏、直播打赏、网络交易等都有比较准确的认知，但是对具体的金钱数额、自己家庭经济状况，却没有足够的认知，事后其打赏行为也没有得到法定监护人的同意、追认。因此，法院综合各种因素，将打赏金额60元作为一个标准，最终判决某游戏平台退还1.4万元打赏款项。

【关键证据】

未成年人充值账号打赏主播的次数和每笔具体数额记录；法定监护人充分履行了监护职责的视频证据；提供直播的服务平台未设置禁止未成年人打赏提醒的照片、截图；允许未成年人注册账号的照片、视频；等等。

《中华人民共和国民法典》

第十九条 八周岁以上的未成年人为限制民事行为能力人，实施民事法律行为由其法定代理人代理或者经其法定代理人同意、追认；但是，可以独立实施纯获利益的民事法律行为或者与其年龄、智力相适应的民事法律行为。

身份信息被他人冒用该如何维权

王某两年前曾丢失了身份证，当时经过多方查找一直未能寻获。2023 年，王某所在单位全面清查员工在第三方任职或经商情况，没想到清查结果竟然显示王某为某医药公司法人。王某之前对这家医药公司闻所未闻，更别说是这家公司法人了，王某于是到某医药公司注册地查询，发现该公司早已人去楼空。王某所在单位为国企，严禁员工在外注册公司、兼职。王某遂向该医药公司注册地人民法院提起诉讼，请求法院判令该医药公司停止侵权行为，撤销自己在工商部门的法人登记事项。

【审判结果】

法院经审理认为，公民享有姓名权，有权决定、使用自己的姓名，禁止他人盗用、冒用。本案中，被告某医药公司在登记中冒用了王某的身份信息，这一行为未经原告王某允许，侵犯了其姓名权，因此，原告王某提出的停止侵害、撤销法人登记的请求应予以支持。最终，法院判令被告某医药公司停止使用王某的姓名，并于判决生效后三日内向工商部门注销王某为法人的登记事项。

·解读分析·

《中华人民共和国民法典》第九百九十条规定：人格权是民事主体享有的生命权、身体权、健康权、姓名权、名称权、肖像权、名誉权、荣誉权、隐私权等权利。可见，公民的姓名权是人格权中的重要组成部分，受到法律法规的保护，任何组织或者个人都不能以假冒、盗用、干涉等方式侵害他人的姓名权或名称权。

《中华人民共和国民法典》第一千一百六十五条规定：行为人因过错侵害他人民事权益造成损害的，应当承担侵权责任。这个侵权责任，包括停止侵害行为、赔礼道歉、赔偿等。

本案中，某医药公司在未经王某同意的情况下，冒用王某姓名，擅自将其登记为公司法人，侵害了王某的姓名权，需要承担相应的侵权责任，应立即停止侵权行为，更改公司法人登记。假如该侵权行为给王某带来了精神上的损害，还需要赔偿相应的精神损害抚慰金。

【关键证据】

能够证明工商登记材料中签名非本人所签的司法鉴定证明；能够证明身份证被盗用或冒用的文字、音频、视频资料或证人证言；能够证明从没有参与相关企业经营和分红的文字、音频、视频资料；能够证明自身和冒用人之间不存在任何利害关系的文字、音频、视频资料；等等。

·法条援引·
《中华人民共和国民法典》

第一千零一十四条 任何组织或者个人不得以干涉、盗用、假冒等方式侵害他人的姓名权或者名称权。

朋友圈里骂人是否要承担法律责任

张某是某公司销售经理，准备离职。离职前，张某找到该公司法人宋某，提出了差旅费报销申请，宋某只报销了有报销依据和凭证的部分，其余5000元没有依据和凭证的则未予报销。张某认为宋某故意刁难自己，便在微信朋友圈发布了宋某的照片，并在照片下指名道姓地谩骂，且语言侮辱性极强。宋某看到后，认为张某在微信朋友圈公开发表对自己极具侮辱性的言论，严重侵犯了自己的名誉权，遂将其起诉至法院，请求法院判令张某公开道歉，并赔偿精神损害抚慰金1万元。

【审判结果】

法院经审理认为，被告张某发布在微信朋友圈中的涉案言论极具侮辱性，并被很多人知晓，导致原告宋某社会评价降低，严重侵犯了原告宋某的名誉权，被告张某应当承担侵权责任。最终，法院判决张某在微信朋友圈公开道歉，赔偿宋某精神损害抚慰金3000元。

· 解读分析 ·

我国公民虽然享有言论自由权，但这种自由是有界限的，不能逾越法律红线，不能损害他人的合法权益，也不能侵害他人的名誉权，否则将承担相应的民事责任，甚至刑事责任。

《中华人民共和国民法典》明确规定，民事主体享有名誉权，任何组织或者个人都不得以侮辱、诽谤等方式侵害他人的名誉权。那么名誉究竟是什么呢？简单地说，名誉便是一个人的声望、品德、信用、才能等的社会评价。

名誉权受到侵害的，受害人有权请求行为人承担相应的民事责任，要求其停止侵害、排除妨碍、消除危险、消除影响、恢复名誉、赔礼道歉。

本案中，张某在微信朋友圈发布宋某的照片，使用侮辱性极强的语句对其指名道姓谩骂，被其微信上的众多好友"围观"，严重侵犯了宋某的名誉权，必须承担相应的侵权责任。

【关键证据】

对方在朋友圈、微信群中谩骂自己的截图、音频、视频等。

· 法条援引 ·
《中华人民共和国民法典》

第一千零二十四条　民事主体享有名誉权。任何组织或者个人不得以侮辱、诽谤等方式侵害他人的名誉权。

名誉是对民事主体的品德、声望、才能、信用等的社会评价。

群成员发表不当言论，
群主需要承担相应责任吗

某物业公司员工王某按照公司要求建立了一个名为"真心换真心"的小区业主微信群。自业主微信群建立后，小区业主刘某便长期在该微信群内捏造事实诋毁另一业主徐某。徐某多次在群内呼吁群主王某采取措施，制止刘某造谣自己的行为。但王某认为这是小区业主之间的私人恩怨，自己是个"外人"，不便介入，因此仅仅发布了一个要求群成员不要乱说话的群公告，并未采取其他措施。徐某认为群主王某和物业公司建立业主微信群后没有尽到管理和注意义务，导致自己名誉受损，遂将群主王某和物业公司一起告上了法庭，请求法院判令二被告赔礼道歉，赔偿精神损害抚慰金2万元。

【审判结果】

法院经审理认为，某物业公司员工王某创建业主微信群的行为是为了履行工作职务，由此产生的民事责任应当由其就职的某物业公司承担。该物业公司对其创建的"真心换真心"业主微信群负有注意义务，由于该物业公司未能及时履行群主的管理责任，导致原告徐某名誉权受到更大的侵害，精神上承受了较大损害，因此对原告提出的该物业公司道歉、赔偿的请求应予支持。最终，法院判令该物业公司在小区公告栏张贴声明向徐某道歉，赔偿徐某精神损害抚慰金2000元。

·解读分析·

在日常生活中，我们会出于生活、工作需要创建各种社群，如微信群、QQ群等。在这些社群中，群主负有管理职责，需要履行注意义务。

具体而言，群主需要履行的注意义务主要体现在两个方面。

1.创建社群的行为和掌握的管理权限。群主创建了社群，掌握着管理该社群的权利，比如邀请别人进群、将社群成员移出社群、禁言等，在这种情况下，群主理应为成员承担一定的义务。

2.法律法规强制要求。《互联网群组信息服务管理规定》明确规定了互联网群组建立者、管理者应当履行群组管理的责任。

当然，群主不可能每时每刻都盯着社群，关注成员发布在群中的每一句话、每一幅图，群主只需要尽到积极预防、阻止群员正在发生的侵权行为即可。

【关键证据】

群主发布在社群内提醒大家文明发言的公告或声明；当群内发生侵权行为时群主积极制止该行为的内容记录、视频资料等。

·法条援引·
《互联网群组信息服务管理规定》

第九条　互联网群组建立者、管理者应当履行群组管理责任，依据法律法规、用户协议和平台公约，规范群组网络行为和信息发布，构建文明有序的网络群体空间。

互联网群组成员在参与群组信息交流时，应当遵守法律法规，文明互动、理性表达。

互联网群组信息服务提供者应为群组建立者、管理者进行群组管理提供必要功能权限。

网上就可以"言论自由"、想说啥说啥吗

吴某无意间在某平台看到了沈某发布的"我的日常生活"帖文。为制造轰动效应，为自己的账号引流，吴某盗取沈某照片，将沈某描述为自己的"恋爱对象"，在账号上发布了一系列"恋爱日记"，并将沈某描述为"为了金钱抛弃初恋"的人。该帖文发布后被网友大量转载，导致沈某个人信息被"人肉"。由于该事件对沈某造成了极为恶劣的影响，吴某被法院以诽谤罪判处刑罚。

【审判结果】

法院经审理认为，吴某在网络上盗取他人照片捏造事实，诽谤他人，事实清楚，情节严重，且严重危害了社会秩序。最终，云院根据《中华人民共和国刑法》第二百四十六之规定，判处吴某有期徒刑一年。

·解读分析·

当前，随着互联网技术的快速发展和智能手机的普及，微信圈、朋友圈、抖音、快手等各种平台已经成了人们"发声"的主阵地。有些人想当然地认为网络上"言论自由"，想怎么说就怎么说。这种观点非常错误，网络虽然属于虚拟世界，但却并非法外之地。

网上言论太任性随意，有可能犯罪。

1.寻衅滋事罪。网络属于公共场所，在网络上起哄闹事导致秩序严重混乱的，有可能触犯《中华人民共和国刑法》，被法院判为寻衅滋事罪。

2.侮辱罪、诽谤罪。以暴力或者其他方法公然侮辱他人或者捏造事实诽谤他人的，会被定为侮辱罪、诽谤罪。

3.编造、故意传播虚假恐怖信息罪；编造、故意传播虚假信息罪。编造各种恐怖信息，或者明知道是编造的恐怖信息却故意传播，有可能被认定为编造、故意传播虚假恐怖信息罪；编造虚假的警情、灾情、疫情、险情，在网络或其他媒体上传播，或者明知上述信息虚假，却故意在网络或其他媒体上传播的，可能会被认定为编造、故意传播虚假信息罪。

4.侵害英雄烈士名誉、荣誉罪。侮辱、诽谤或者以其他方式侵害英雄烈士的名誉、荣誉的，有可能被认定为侵害英雄烈士名誉、荣誉罪。

【关键证据】

对方发布在网络平台上的侮辱、谩骂、捏造事实的文章、音频、视频等的截图和下载的内容；公安、人民检察院的认定结果；等等。

·法条援引·
《中华人民共和国刑法》

第二百四十六条 以暴力或者其他方法公然侮辱他人或者捏造事实诽谤他人，情节严重的，处三年以下有期徒刑、拘役、管制或者剥夺政治权利。

前款罪，告诉的才处理，但是严重危害社会秩序和国家利益的除外。

通过信息网络实施第一款规定的行为，被害人向人民法院告诉，但提供证据确有困难的，人民法院可以要求公安机关提供协助。